「ちょっと」の心遣いで
劇的に差がつく

人生を変えるマナー

Manners For
Changing Your Life

三厨　万妃江
Mikuriya Makie

あさ出版

はじめに

「三厨先生のビジネスマナーの講義は、マナーっぽくないですね」

私の講演や研修を受けてくださった方に、このように言われることがよくあります。

そのたびに、人々にとって「ビジネスマナー」はどんな存在なのかを考えます。

実際、アンケートなどで聞いてみると、多くの方が、「堅苦しい社会のルール」「社会人としてしなければならないこと」「間違うと失礼になること」などと、お答えくださいます。

あなたは、いかがですか？


「失礼のないように」や「マナー違反」といったマイナスのイメージでマナーをとらえてしまうと、なんだか気持ちが重くなりますよね。「これをしたらダメ」「こんなことを言って相手の気分を害したらどうしよう」と、考えれば考えるほど、自分の行動が制限され、結果、自信のない、頼りなさげな立ち居振る舞いになってしまうからです。

私が講演や研修でお伝えしている「ビジネスマナー」は、「ビジネスをより楽しく、円滑に、そして、お互いが良好な信頼関係を築くための道具」であり「考え方」です。

「マナーは本来お互いが気持ちよく過ごすためにあるもの。結果として、お互いが笑顔になれば、ルールや枠から多少はみ出しても大丈夫です」

「『相手が笑顔になったら私もうれしい』とか『相手の気分がよくなって、普段聞けないことも聞けた』など、そのようなシーンを導くために使えばいい」

とお伝えしています（ですので、「マナーっぽくない」講義と言われるのでしょう）。

ただし、誤解しないでいただきたいのですが、形式や型どおりのことが必要ないわけではありません。型を理解したうえでの行動でないと、ビジネスシーンで相手を喜ばせ、笑顔があふれる関係を築くことは、難しいからです。

気持ちや心遣いは、相手に伝わらなければ、なんの意味もありません。

言い換えると、形式や型をひと通り理解しておくことによって、様々なシーンで、相手にもわかりやすい、安定した応対ができます。相手もそんなあなたに信頼を寄せ、関係性はぐっと深まります。

人は誰しも、信頼できる人とビジネスをしたい、一緒に何かをやりたいと考えるため、信頼してもらえると、人、情報、そして仕事が回ってきます。

これらを通じてあなたが成長すると、さらにたくさんの、そして上質な、人、情報、仕事が集まってきます。

ビジネスパーソンとして、一人の人間として、まさに最良のスパイラル状態と言ってもよいでしょう。

ビジネスマナーのとらえ方を変え、そのうえでマナー・ルールを習得し直すことで、あなたの人生は、少しずつ、そしてやがては大きく変わっていくのです。

これは、大げさなことでもなんでもありません。

人生は一つひとつの物事の積み重ね。だからこそ、そう言えるのです。

私がビジネスマナーを教える立場になって、まもなく四半世紀になろうとしています。

その間、多くの方々がビジネスマナーのとらえ方を変え、学び直された結果、新しい人生を切り開いていかれました。それは、経営者、部長など役職の方、中堅社員層など、すでにご活躍の方はもちろんのこと、キャリアの浅い方にいたるまでです。

本書では、いわゆる一般のビジネスマナー（新入社員向けマナー）ではなく、すでにビジネスパーソンとして活躍している人が押さえておくべきマナー、そしてプラスαのマナーや思考法をご紹介しています。

それは、ビジネスパーソンはマナーを身につけることが必須とお伝えするだけに留まりません。

マナーを身につけ活用することが、仕事そのものの質を上げたり、よい人間関係の構築や人脈作りにもつながることをお伝えしています。

マナーを身につけ活用した人と、そうでない人の五年後、十年後が、どのようになっているかは、容易に想像できると思います。

あなたが今まで考えてきたマナーよりも、もう少し積極的な「人生を変えるマナー」を、ご一緒に勉強してまいりましょう。

二〇十三年三月

三厨　万妃江

第2章 一つひとつのビジネスマナーが人生を変える一歩となる

第3章 人間関係がよくなるコミュニケーションのマナー

第4章
一歩進んだ気遣いでお客様にもっと愛される人になる

第5章　一流のおもてなしと訪問がご縁を強くする

第6章 また会いたくなるワンランク上の会食作法

付録

「いざというとき」に恥をかかない慶弔マナー

第1章

デキる人は皆、ビジネスマナーの達人

1 ビジネスは人間関係に始まり人間関係に終わる

世の中には「もの」があふれ、どこに行っても、同じもの、似たようなものがあります。ところが、同じものを売っているのに、人気店とそうでないお店が存在します。なぜ、そのようなことが起きるのでしょうか。

お客様は何を基準に、そのお店、その会社から商品やサービスを購入するのでしょう。

その答えの一つは、「人」です。

「近くて便利だから」「サービスがいいから」「ずっとその会社にお世話になっているから」「無理を聞いてくれるから」「担当の人が決まっているから」「応対の感じがいいから」「私のことをわかってくれているから」「信頼して任せられるから」など、様々な理由が考えられますが、共通しているのは、「人」が絡んでいることです。

私たちは無意識のうちに、「誰から」商品やサービスを購入するかを選んでいるのです。

企業対企業の契約においても、同じです。

もちろん、会社の代表として商談に当たりますから、「応対の感じがいい」とか「信頼して任せられるから」という個人の感覚だけで決めることはできないでしょう。

ですが、同じような商品・サービスという状況ならば、最終的に意思決定する際、担当者の心を動かすものは、やはり「人」なのです。

つまり、**商品やサービスの実力だけでなく、それを「誰が扱っているか」が重要という**こと。お客様から選ばれ続けている会社は、商品やサービスだけでなく、「人」も選ばれている。だから強いのです。

「ビジネスは人間関係に始まり、人間関係に終わる」と言われます。

一見すると、ビジネスは商品やサービスのやり取りのようですが、その商品やサービスは必ず「人」を介しています。

「選ばれ続ける人」になるには、「あなたなら大丈夫」「あなたに任せておけば安心」と信頼される人になることです。

信頼は信用の積み重ねによって育まれるもの。

お客様や仕事で関わりのある方々とよい人間関係を築きながら、信用を信頼に変えていくことです。

そして、そのために大切なのが「ビジネスマナー」の習得です。

「ビジネスマナー」はビジネスシーンにおける、いわば共通語。

もしもあなたにビジネスマナーが身についていなければ、気づかないところで、相手に失礼をしているかもしれません。

それでは、相手から信頼されるのは難しいでしょう。

「ビジネスマナー」を身につけ行動できるようになることで、お客様はもちろん、一緒に働く仲間、そして家族や友達からも「選ばれる人」になるのです。

2 ビジネスマナーはビジネスパーソンの行動基本

ビジネスマナーには、「堅苦しい」とか「面倒くさい」など、マイナスのイメージがあるようです。たしかにマナーと名のつくものにはルールがあり、そのルールを覚えることが大変と感じるのも無理はないでしょう。

実際、ルールは覚えていただくしかありません。

ビジネスマナーは、いかなるビジネスシーンにおいても行動の「基本」だからです。

言い換えると、ルールを覚えてその通りにできるようになれば、ビジネスパーソンとしての「基本的な行動」ができるようになるということ。

人に対して失礼な言動をしなくなり、自然と思いやりの気持ちを持つことができるようになるため、人間関係が今よりもスムーズになる可能性がぐっと上がります。

仕事の効率も間違いなく上がるでしょう。

「堅苦しいビジネスマナーは、私たちの仕事にはあまり必要ありません」とおっしゃる方が、時折いらっしゃいます。

「形どおりのビジネスマナーでは役に立たないから。大事なのは気持ちだ」と。

たしかに、ビジネスマナーとして習ったことを、そのまま現場で振る舞ったからといって、すぐに結果が出るわけではありません。相手の言動次第で、応対を変えなければいけないこともあるでしょう。

このような経験をすると、「ビジネスマナーなんて必要ない」と思ってしまうかもしれません。

しかしそれは、ビジネスマナーの動作にこめられた意味までを考えていないからです。

ビジネスマナー一つひとつには、それぞれ大切な意味があります。

相手を「尊重している」からこその振る舞い。

相手を「歓迎している」からこその言葉。

相手も、こんな振る舞いをしてもらえるほど、自分たちを尊重してくれているのだな、こんな言葉を尽くして、歓迎してくれているのだな、ということがわかります。

つまり、お互いがビジネスマナーを身につけていることで、通じ合えるのです。


ビジネスマナーに頼らず、「相手への配慮の気持ち」を表現することも、とても素敵なことです。ただ、一から自分で考えるのは、簡単なことではありません。

考えに考え、「これでどうだ！」と行動した結果、「そんなつもりじゃなかったのに」と誤解されることもあるでしょう。これでもし、人間関係が崩れてしまったとしたら、もったいないですよね。

ですが、ビジネスシーンの行動基本である「ビジネスマナー」が身についていれば、そのような誤解が生じることはなくなります。

さらに、何をしたらよいのか、何をしてはいけないのかが明確となり、行動しやすくなるはずです。

基本を押さえることで応用問題がスムーズに解けるようになるのと一緒。

ビジネスパーソンとしての「基本的な行動」であるビジネスマナーを身につけることで、仕事も、人間関係も皆、スムーズにいくようになるのです。

3 ビジネスマナーはあなたの助っ人

ビジネスは生き物であり、相手があるもの。

実際、様々なことが起こりますが、そんな場面でビジネスマナーはあなたを手助けしてくれます。

特に「相手への配慮の気持ち」を表現するビジネスマナーが身についていると、お客様との信頼関係、職場での人間関係はもちろん、プライベートでの家族や友人との関係がぐっとよくなります。少なくとも「こういう言動は相手に失礼であったり、不快にさせたりする」ことがわかるので、ミスが少なくなり、トラブルが減ります。

人間関係は、ビジネスに欠かせない大切なものである一方で、面倒でわずらわしいものでもあります。人間関係で悩んでいる人は、実際少なくありません。職場で感じるストレスの原因として、かなり上位に挙がっていますし、相談を受ける機会も増えています。

ちょっとしたことでこじれやすいのが、人間関係です。

正直、少し気まずいことがあっただけでも、顔を見たくない、口もききたくないと思ってしまうのが人の常でしょう。しかしだからといって、たとえば挨拶をしなかったら、「あなたと人間関係を断ち切ってもかまいません」と宣言しているのと同じです。

ビジネスマナーが身についていれば、挨拶の意味、大切さを知っているのでそのような事態でも大きくこじれることはありません。

今、あなたが何をすべきか、何をしてはいけないかを、ビジネスマナーは教えてくれます。そして、あなたを助けてくれます。

それはさながら、国民的アニメのドラえもんが、のび太君が困ったときに、その状況に合わせて四次元ポケットからお役立ち道具を取り出し、助けてくれるのと同じ。ビジネスマナーは、ビジネスパーソンにとってまさに四次元ポケットに入っている助っ人道具なのです。

本来あなたが打ち込みたい仕事に集中できるよう、この便利な道具を使わない手はありません。どんどん活用していきましょう。

4 心や気持ちを「見える化」する

「形ばかりのマナーではよくない。まずは心が大切だ」とよく言われます。

たしかにその通りです。

しかし、心さえあれば、マナーがなくてもよいわけではありません。

心があっても表現する方法が伴わないと、相手には伝わらないからです。

「心」と「形」はマナーの両輪。最終的にはどちらもそろわないと、役に立たないのです。


とはいえ、新入社員などビジネス経験の少ない人は、まずは「形」から入るとよいでしょう。

「形」を見せることで「心」を伝えるのです。

新入社員は「お客様に思いやりを持って接しなさい」と言われても、どのように思いやりを持てばよいのかわからないですし、「相手がしてほしいことを察して動きなさい」と言われても、「どのように察するの？」と、頭の中に「？」マークがたくさん飛び交うだけです。いくら「心が大事」と言われても、新入社員にはピンときません。

もしあなたが育成する立場であれば、ビジネスマナーの「形」をその意味とともに伝え、徹底的に覚えるよう指導しましょう。


たとえば「キョロキョロしているお客様」がいらっしゃったとします。そうしたら、「何かお探しでしょうかと声をかけなさい」と事前に指導します。すると新入社員たちは、「何かお探しでしょうか」と声をかけることができるようになります。

このとき、お客様の不安そうな顔がほっと笑顔になるのを見て、「お客様の役に立った」と実感することができ、声をかけることの意味を体感します。

こうした小さなうれしい体験の積み重ねで、「お客様に思いやりを持って接すること」「察して動くこと」の大切さ、つまり「心」の部分を覚えます。

言い換えると、自分の心を伝える術が、「形」であることに気づきます。

その後は、心を伝えるためにビジネスマナーを活用するようになるはずです。

「形」によってあなたの「心」を「見える化」する。これがビジネスマナーの役割なのです。

5 マネジメント・サイクルで磨きをかける

あなたの心を相手に伝えるためにビジネスマナーがある、そのことを知っていただいたなら、あとは、様々なビジネスマナーを身につけていきましょう。

まずは、いわゆる基本を、それらの意味を理解しながら、習得していくことから始めていくとよいでしょう。

ただし、すでにお伝えしたように、ビジネスの現場は生き物なので、基本だけでは応対しきれないことが多々あります。

どんなときもビジネスをスマートに、スムーズに進めるには、やはり「応用力」が大切です。

「応用力」を身につけるには、次の五つを常日頃から心がけましょう。

❶ 想像する

「目の前にいる相手は何を望んでいるのだろう」あるいは「目の前にいる人に私は何ができるのだろう」と、常に想像することです。できるだけたくさん思い浮かべましょう。

また、よく会う相手に限っては「どのように応対すると居心地がよいと感じてもらえるのか」相手のツボを知るために、日頃から観察し、情報収集をしておくことも大切です。

❷ 仮説を立てる

❶で思い浮かべたことに、順位付けをします。

「お客様が望んでいらっしゃるだろうこと」を軸に、より強く望んでいるであろうことから順位をつけていきます。

その後、「できること」と「できないこと」を精査します。どんなに望まれても応えられないことも、残念ながらあります。

それらをもとに、「お客様がしてほしいだろうことで、私（会社）ができること」を確認するのです。

なお、優先順位が高いのに「できなかったこと」の中で、「自分が能力を高めればできたこと」もあるはずです。それが、自分の成長のための課題です。心に刻んでおきましょう。

❸実行する

❷で順位付けしたものを上から順に、お客様に喜んでいただけるよう一生懸命実践します。そのとき必要なものは「表現力」です。

相手に伝わるための表現の引き出しを増やし、選べるようにしておくことが大切です。「表現力」は、第二章以降のビジネスマナーを身につけることで磨かれます。言葉・態度・表情は、思いを伝える大切な道具です。

❹結果を検証する

実行した結果を振り返り、お客様が喜んでくださったか、お役に立てたかを検証します。もし、仮説どおりでなかった場合は、次に優先順位の高い代替案を実行しましょう。この流れを繰り返し、お客様が望んでいらっしゃることに行き着くまで実行し続けます。この結果は実行した人の財産です。

次に同じお客様に接するとき、「するべきこと」「してはいけないこと」が、ある程度見えて（はっきりして）いるため、変にこじれたりすることもなく、スムーズにやりとりができます。その結果、お客様との距離が近くなり、よい関係を築くことができます。

5 さらに一歩進んだ仮説を立てる

1～4を繰り返していくと、「失礼にならないように」する受身のビジネスマナーから、「もっとお客様に喜んでいただけるように」「もっとお役に立てるように」とする積極的なビジネスマナーに意識が変わっていきます。

そうなったときにあなたのマナーは、「形」にこだわりすぎない、真の意味での「心が伴うビジネスマナー」へと進化しているはずです。

たとえどんなにビジネスマナーを身につけても、**ビジネスでは相手の心に合わせて応対を変えていく必要があります。**

この5つのステップを常日頃から心がけ繰り返すことで、応用力が磨かれますから、1～5の習慣が無意識にできるように、少しずつ練習していきましょう。

すでに気づいた方もいらっしゃるかもしれませんが、これは、仕事で大切な「PLAN、DO、CHECK、ACTION」の「マネジメント・サイクル（PDCAサイクル）」と同じです。一つひとつチャレンジしては検証し、流れを自身の中で構築していくとよいでしょう。

ただし、これらの好循環が生まれるには、大前提として、基本のビジネスマナーが身についていなければなりません。

道具であるビジネスマナーが多数身についていたほうが、手数があるためアレンジが効きますから、多ければ多いほうがよいのは言うまでもありません。

言い方を変えると、うまくいっていないケースは、そのほとんどが「基本」を飛ばして応用をしようとしているからなのです。

「基本のないところに応用なし」

基本が身についているのか、再度見直してみることも大切です。

6 「一緒に仕事をしたいと思われる人」になるために

以前、ディズニーランドのスタッフ教育をなさっている方のお話をうかがったことがあります。

その方は「マニュアルはどんなに完璧なものを作っても、全体の8割にしかならない。後の2割は『感性』だ」とおっしゃいました。

なるほど、と納得したものです。

だから、あの夢の国は、何度行っても夢を見させてくれるのですね。実際、何度かお邪魔したことがありますが、不快な思いをしたことがありません。

それだけ、スタッフ（キャスト）の方々の感性が優れているのでしょう。

前項でもお話ししましたが、ビジネスマナーを道具として活かすには「感じる力」が必要です。

まったく同じ言動だとしても、相手によって反応が違います。人それぞれ、望んでいることが違うからです。

したがって、人と接する仕事は、答えが一つではありません。人の数ほど、答えがあると言ってもいいでしょう。

「これさえしておけば大丈夫」というものではないのです。

どんなに完璧なビジネスマナーを身につけても、あくまでそれは形の話。相手の心に響くためには、伝える側の感性も必要なのです。


基本のビジネスマナーを身につけ、感性を磨き、相手が望んでいることを考え、置かれた状況を読み取りながらそのつど判断し、行動する――。

それは、言い換えれば「人間力」です。

ビジネスマナーを身につけることは、「人間力」を磨くスタートでもあるのです。

ワンランク上のビジネスマナーを身につけることは「人間力」を磨くことです。

毎日を笑顔で、楽しく仕事をし、幸せな生き方ができる人になりましょう。

第2章

一つひとつの
ビジネスマナーが
人生を変える一歩となる

1 第一印象を整える

なぜ第一印象が大切なのか

よく言われることですが、第一印象のよし悪しが、その後のビジネスを左右すると言っても過言ではありません。

しかし、その重要性について、きちんと理解できている人は多くありません。

第一印象とは、文字どおり初対面の人に抱く印象です。

たとえば異業種交流会に行ったとき、よほど小規模のものでない限りは、全員と話すことは難しいので、必然的にその中の何人かと話すこととなります。

このとき、誰と話すかを決める判断軸になっているのが、第一印象です。

第一印象で好かれると、相手（お客様）があなたの話を聞いてくださる可能性は高くなります。

しかし、あまりよい印象でない場合は、相手（お客様）はあなたの話を積極的に聞いてはくれません。

さらに、あなたは「会社の代表」として来ているわけですから、第一印象で嫌われるとなると、あなたの会社の印象もあまりよくないものとなってしまいます。あなたの会社がどんなによい商品・サービスを提供でき、お客様のお役に立てるとしても、相手にお届けするチャンスはめぐってこないでしょう。

人は、好きな人の話は聞きたい、嫌いな人の話は聞きたくない生き物だからです。

第一印象の重要性は、心理学の研究でも証明されています。

心理学の定説では「人間には、最初に与えられた情報を強く印象に残してしまう傾向があり、その後の情報にも影響を与えてしまうため、なかなか最初の情報を覆すことができない」とされています。

つまり、相手に「嫌だなあ」などと、最初にマイナスのイメージを抱かれてしまうと、その後、相手に何を言っても「やっぱり好きじゃないや」とか「今さら都合のよいことを言っても」としか思ってもらえないということ。「初頭効果」と呼ばれるこの定説は、１９７０年代のギフォード&ハミルトンらの実験以来、多くの研究で立証されています。

もちろん、第一印象がすべてではありません。相手と会う回数や時間を重ねることで、「第一印象はぶっきらぼうな人だと思ったけれど、本当は物事を正直に言うだけなのだ」と、よい面に気づくこともあります。

挽回するチャンスはゼロではないということです。ただし、それには大変な時間とエネルギーがかかります。そして、運も必要です。

やはり、第一印象が好印象のほうが、その後のビジネスの展開がスムーズになるのです。

第一印象はどのように決まるのか

『人は印象を0・1秒で決めている』という論文があります。これは、アメリカのトドロフ&ウイリス（プリンストン大学）が、被験者に知らない人の顔写真を見せ、その印象を判断してもらう実験を、露出時間を変えて5回行った結果をまとめたものです。

その実験により、顔写真の露出時間が0・1秒の場合と無制限の場合とでは、受け手が抱く印象にそれほど変わりがないことが判明したのです。

人（の脳）が相手に対し、一定の印象を抱くには、0・1秒で十分だということです。

さらに第一印象は、無意識のうちに決まると言われています。

●短時間（定説によると0・1秒）で
●外見（表情や身だしなみ・態度、その人の雰囲気など）を見て
●瞬時に相手の印象のよし悪しを決める

つまり、この0・1秒を乗り切れば、あとは楽だということです。

第一印象を整えることで、仕事、人間関係は大きく変わるのです。

2 好印象を引き寄せる笑顔の法則

整えるべきは笑顔と身だしなみ

第一印象、つまり0・1秒で相手によい印象を与えるには、「笑顔」と「身だしなみ」は絶対要素です。

これら一つひとつは決して難しいことではありませんが、継続して徹底することが大切です。

私からお勧めする方法は、「鏡を見る習慣を日常の中に作る」ことです。

自宅を出る前に姿見で身だしなみの全身チェック、出勤したら洗面所の鏡で髪形や顔、そして表情をチェックします。

身だしなみとあわせて鏡に向かってにっこり「笑顔」のチェックも大切です。

よい人間関係が築けるかどうかは、毎日のこうした小さな積み重ねにかかっています。

相手の心を解きほぐす笑顔

初対面のとき、たいていの人は最初に表情を見ます。このときどんな表情がふさわしいかというと、もちろん「笑顔」です。

ところが、どうしても緊張してしまい「こわばった顔・怖い顔」になってしまう人が少なくありません。そうすると、そのこわばった表情が普段の表情なのだと思われ、「怖そうな人だなあ、感じの悪そうな人だなあ」という印象を与えてしまいます。

初対面ですから多少なりとも緊張するのは仕方ありませんが、そのために印象が悪くなってしまうのはもったいない話です。

そのようなときも、「笑顔」で緊張を解きほぐします。

笑顔によって頬が緩むと、心の緊張も少し緩みます。相手が笑顔になれば、あなたも居心地がよくなるはずです。

お互いを気持ちよくする「笑顔」をあなたが先に発信することで、それが安心感につながり「この人とだったらきっとうまくやっていけるだろう」と好印象でスタートを切ることができるのです。

相手がどう感じるか、相手がどう思うかを常に考え、行動しましょう。

微笑みで仲間をサポート

この本を手にしているあなたには、部下や後輩がいるかもしれません。日頃の指導の中で、手を出したい、口を出したいともどかしいこともあるでしょう。しかし、そんなときこそ、ぐっとこらえて微笑みましょう。そうすることで、見守られている安心感を彼らに与えることができます。

また、同僚が忙しさのあまり、周りが見えないほど仕事をしているような場面に出会うこともあるでしょう。「焦っているなあ、できることがあれば手伝いたいのに」と考えても、本人がやらざるを得ないこともあります。

そんなときも、同僚に微笑んでみましょう。同僚はきっと平静さを取り戻し、本来の力を発揮してよい仕事ができるはずです。

気持ちのこもった「笑顔」はそれだけで、仲間をサポートすることができます。言葉ではなく、笑顔でサポートする。一歩進んだ人が心得ることなのです。

笑顔になりづらい状況下で、笑顔でいること

気持ちのよい挨拶に笑顔は欠かせないとわかっていても、できないときがあります。寝

いつでも笑顔になれるセルフコントロール術

とても簡単ですから、ぜひ試してみてください。

①鏡の前でにっこり笑ってみる

つらい、落ち込んでいる……そんなときは、鏡の前に立って無理やりにでもにっこり笑ってみましょう。不思議なことにほんの少し気持ちが前向きになります。心と表情は連動し影響しあうからです。「作り笑い」でもかまわないので、笑顔で自分にエールを送り続ければ、次第に心が上向き、気づいたら気持ちが切り替わっているでしょう。

②「すみません」を「ありがとう」に変える

人から「ありがとう」と言われるとうれしいように、あなたが誰かに「ありがとう」と言うと、その相手も同じくらいうれしく感じます。つい、「ありがとう」の代わりに「すみません」と言ってしまいますが、できるだけ「ありがとう」と言ってみましょう。

「ありがとう」は笑顔が一番似合う言葉なので、自然と笑顔になっているでしょう。

③大好きなものを想像する

大好きなものを思い浮かべると、一瞬で笑顔になれます。思わず「にっこり」してしまうもの、たとえば、家族の写真などを携帯電話の待ち受け画面にしておけば、こっそり見て気持ちを切り替えられるのでオススメです。

> 常に笑顔でいると、楽しいことうれしいことが舞い込んできます。笑顔の周りには人が集まり、情報が集まります。笑顔でいることでよい循環が生まれます。

不足の朝や体調の悪いとき、あるいはなんとなく憂鬱だったりすると、どうしても気分の悪さが表情に出てしまいます。こんなときはとても笑顔にはなれないものです。

しかし、あなたにはこうした「普通ではいられない理由」があるのでしょうが、相手にはそれがわかりません。笑顔でないあなたを見て、ただ「感じが悪い」「失礼な人だ」と不快に思うだけです。

あなたが逆の立場であれば同じように思うのではないでしょうか。

万全でないときの振る舞いこそ、真価が問われます。

「つらいときこそ笑顔になる」のは一見むずかしいようですが、つらいときにつらい顔をして、居心地が悪くなったり、相手に心配をかけたりしてしまったことを後からフォローするよりも、よほど楽です。

「笑顔」には免疫力を高める効果があると実証されています。

初めは「作り笑い」でも大丈夫です。ぜひ実践してみてください。

3 身だしなみは相手への敬意

身だしなみを整えることは、「相手への敬意の表現」でもあります。

目上の方にお目にかかるときは、いつもより身支度を丁寧にしませんか？　それは、目上の人に適当な服装でお目にかかるのは失礼だと知っているからです。

つまり、お客様は目の前のあなたの身だしなみによって、自分を大切に思ってくれているかどうかがわかるのです。

このように、相手を大切に思う気持ちは、「身だしなみ」を整えることによっても伝えることができます。

身だしなみの意味は「身の嗜《たしな》み」、つまり「普段からの心がけ」のことです。

誰にどこで会っても恥ずかしくないように、普段から手を抜かずに整えておくことが大切です。

その際のポイントは次の三点です。

❶清潔感があること

清潔な服装なのに、清潔感がない人がいます。

それはひと言で言えば、「だらしなく見える人」。

たとえば、体型に合っていない洋服を着ていたり、必要以上にボタンをはずしていたりすると、いくら洋服が清潔でも「清潔感」は伝わりませんし、仕事への前向きな姿勢も感じられません。

また、髪型の整え方も清潔感と密接に関わっています。

仕事中に髪につい手がいくようでは、その髪型は仕事にふさわしくありません。いくら毎日洗髪していても、前髪が長すぎたり、動くたびに髪が顔にかかったりするのも清潔感がないと相手に思われてしまいます。

「清潔であること」と「清潔感があること」は別ものです。

相手に清潔感が伝わらなくては意味がないのです。

❷ 機能的であること

これは言い換えると「仕事がしやすい身だしなみ」のことです。

自分にとって、仕事がしやすいことは大切ですが、自分が楽だという基準ではなく、「人から見られている」意識、つまり自分の仕事にふさわしい格好であることが必要です。

また「安全性」も、機能的であることに通じます。制服・靴・帽子などはまさに安全を考えたもの。決められたものをきちんと着用しましょう。

❸ 周りと調和がとれていること

「身だしなみ」の基準は、業界や職種によって多少異なります。

職場で周囲を見渡し、自分だけ「浮いている」ようであれば、会社や業界の「身だしなみの基準」を理解して、身だしなみを整えます。

また、お客様の会社や業界の基準も理解しておきましょう。自社内・業界内では普通であっても、お客様にとって気にかかる格好であるなら、適していないということ。

「クールビズ」などで、あなたの会社がノーネクタイだとしても、お客様の会社がネクタイ着用であれば、お客様に合わせる配慮が必要です。

また、私服を仕事用の服装にしていると、「この服装はマナー違反ではないかしら？」と迷うことがあります。そういった場合、「迷ったらやめる」ことをお勧めします。そして、社内の身だしなみ規定をよく知る人に確認しましょう。「迷ったらやめる」判断ができることも大切です。

髪の色や髪型も同じです。社内基準があれば、それに従います。

私たちは、一人ひとりが会社の代表として、常にお客様から見られています。いつ誰にどこで会っても会社の代表としてふさわしい「身だしなみ」を心がけましょう。

⚜今すぐ靴を脱げますか？

私がまだ講師として駆け出しの頃のことです。

呉服関係の会社に打ち合わせで初めて訪問したとき、ドキッとする出来事がありました。その会社は、靴を脱いで入らなければならなかったのです。そんなことを想定していなかった私は、「ストッキングは伝線していないかな」「靴の中敷はだいじょうぶだったかしら」と、恐る恐る靴を脱ぎました。背中からいやな汗がじわっと出てきたことを覚えてい

身だしなみチェック表

当てはまるものに○×マークをつけていきましょう。マナーが身についた人なら、すべてに○マークがつくはずです。

	箇所	○×	チェック項目
《共通》	髪		寝ぐせ･フケはないか
			仕事に適した髪色･髪型か(カット･手入れ)
	顔		清潔で、健康的な印象を与えているか
			歯はきれいに磨かれて、口臭はないか
	手		指先は清潔に保たれているか(手入れ･荒れ)
			爪は伸びすぎていないか
	服装		汚れ･シミ･しわはないか
			肩にフケ･抜け毛･ホコリなどがついていないか
			ほころびやボタンの取れかけはないか
			型くずれしたり、裾がほつれたりしていないか
			襟･袖口などが汚れていないか
			制服を着くずしていないか
			仕事(職場)に適した私服であるか(ラフすぎないか)
	靴		色や形は仕事(職場)に適しているか
			きちんと磨かれているか
			履き古していたり、かかとがすり減ったりしていないか
	時計		色やデザインは仕事に適しているか
	社章･名札		所定の位置についていて、曲がっていないか
《男性》	顔		ひげの剃り残しはないか、鼻毛は出ていないか
	ワイシャツ		アイロンがかかっているか
	ネクタイ		スーツとコーディネートされているか
			汚れ･ねじれ･曲がりはないか
	靴下		色や形は適しているか
《女性》	化粧		ナチュラルメイクか
			化粧くずれしていないか
	ストッキング		色は適していて、伝線･たるみはないか
	アクセサリー		邪魔になるものや目立つものをつけていないか
			ヘアーアクセサリーは目立ちすぎていないか
			イヤリングやピアスは派手すぎないか

ます。

幸い失礼なことになりませんでしたが、それ以来、とても気をつけるようになりました。

普段、私たちの身だしなみに対する意識は、人の目につきやすいところに偏りがちです。目につかないところは、どうしても気を抜いたり、手を抜いたりしてしまいます。

しかしビジネスでは、思いがけない外出や訪問もあります。急なことにもあわてないで対処できる状態でいましょう。服装が原因でビジネスチャンスを失うなんてもったいないですよね。

たとえ準備時間のない急なときにも、**いつもと変わらない自分を作り出せるのが「身のたしなみ」**です。

お客様は細部をご覧になっています。

見えないところにも気を配りましょう。それができる人をお客様は信頼するのです。

前ページに「身だしなみチェック表」をまとめました。活用なさってください。

4 立ち姿で印象が変わる

立ち姿は立ち居振る舞いの基本

仕事の場で、相手に不快な印象を与える姿勢や所作は避けなければなりません。距離が離れていても、相手の目に映っていますから、周囲に人がいるかどうかに関係なく、常日頃から正しい立ち居振る舞いをするよう心がけましょう。

「両足を開いて仁王立ち」「どちらか片方の足に重心をおく」「猫背になっている」などは、いずれもだらしなく見えたり、疲れているように見えたりします。

立ち姿は立ち居振る舞いの基本ですから、意識しなくてもできるようになりましょう。

立ち姿をステキにするポイントは51ページのとおりです。

後ろから見られてもその背中から緊張感を感じさせるようにし、見ている人が姿勢を正したくなるような立ち姿を目指しましょう。

⚜人を追い越すときは「失礼いたします」と声をかける

歩く姿勢も、意外と人から見られています。背筋を伸ばしてしっかり前を見ます。

また、次のような歩き方はビジネスマナー違反です。

1．人を追い越す
2．廊下の中央を歩く
3．複数人が横並びで歩く

しかし、やむを得ず追い越さなければならないときもあります。

その場合は、追い越すときに「失礼いたします」と声をかけます。

また、たとえ声をかけても急いで走り抜けてはいけません。歩調を緩めてにっこり笑顔で声をかけます。

急いでいることを感じさせない、そんな応対から気遣いがうかがえるものです。

「立つ」「歩く」といった日常の基本動作が整っていると、お客様にいつどこで見られても不快感を与えないことはもちろん、仕事に対するやる気や相手への配慮が感じられます。

立ち姿をステキにする8つのポイント

ちょっと気をつけるだけで、がらりと印象が変わります。
ぜひ試してみてください。

❶ 両足を揃え、かかととひざをつける

❷ つま先は、こぶし一つ分あける

❸ 頭・首・背筋が一直線になるようにイメージする

❹ 肩甲骨を後ろに引く

❺ いったん肩を上げて下ろしたところを腕の基本的な位置とする

❻ 指先にまで気持ちを込めて、手の指を揃える

❼ 女性は右手の甲に左手の手の平を重ね合わせて、前で組む

❽ あごを引く

5 相手の心に残るお辞儀

相手への敬いの気持ちを表すお辞儀

お辞儀は、上体を倒した「深さ」と、倒したままどれだけその姿勢を保っていたかの「時間の長さ」で、相手への敬いの気持ちを表します。

ビジネスシーンでよく使われる三つのお辞儀も少しためを作ることで、相手の心に残ります。それでは、丁寧なお辞儀のコツを確認しておきましょう（55ページの図を参照）。

1 会釈

人とすれ違うときや部屋の入退室のときなどに行う軽いお辞儀です。「失礼いたします」など、お客様に声をかけるときにも使います。

上半身を15度傾け、そこで一拍止め、体をゆっくり起こします。

❷敬礼

一般的なお辞儀です。「いらっしゃいませ」「ありがとうございます」など、お客様をお迎えしたり、礼をしたりするときに使います。

上半身を30度傾け、そこで二拍止め、体をゆっくり起こします。

❸最敬礼

最も丁寧なお辞儀です。「ありがとうございました」「申し訳ございません」など、感謝を伝えるとき、謝罪をするときに使います。

上半身を45度傾け、そこで三拍止め、体をゆっくり起こします。

お辞儀は、頭を下げるときは機敏に、そして、止めるときはきちんと止めて、上げるときはゆっくりとがコツです。

そうすれば、自分が頭を上げたら相手がまだお辞儀をしていて、慌てて頭を下げなおすような失礼なことになりません。

また、お辞儀の深さも大切ですが、きちんとその姿勢のまま静止していることも重要で

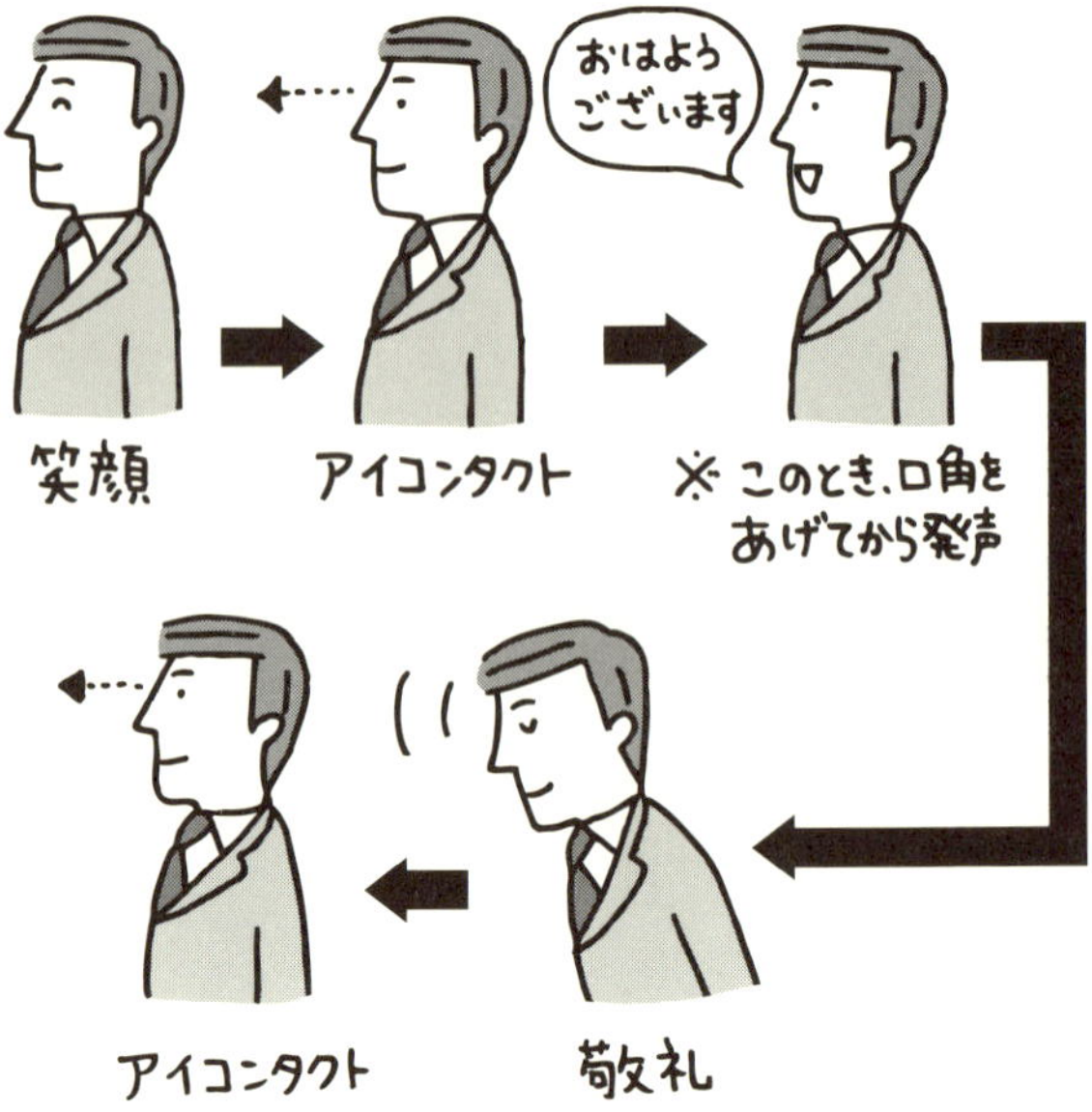

ポイント

母音が「お」で始まる言葉は口角が上がりにくいので、先に笑顔になって口角を上げ、それから「おはようございます」と発声します。そして、お辞儀の姿勢を戻したときに笑顔がなくては感じが悪いので、最後まで口角を上げて笑顔をキープしましょう。

丁寧なお辞儀のコツ

男性 男性は指先を伸ばし、手は足の側面につけます。

女性 女性は体の前で手を重ねます。

※会釈は目線を相手に合わせたままで
敬礼、最敬礼は、目線を落とします。

す。少なくとも印象に残る礼となります。

浅くてもしっかり止めていれば、丁寧に感じられるからです。

また、お辞儀には、「同時礼」と「分離礼」があります。

前者は言葉と動作が同時、後者は別々に行うことです。

言葉を言い終わってからお辞儀をする「分離礼」のほうがより丁寧ですから、「分離礼」を習慣にしましょう。

お辞儀は心を込めて堂々と行う

相手の心に残るお辞儀は次のように行います。

1. まず相手と目を合わせる
2. お辞儀をする
3. 顔を上げたら、もう一度相手と目を合わせる

丁寧なお辞儀のコツは、お辞儀をし終えた後、きちんと顔を正面に戻して相手の顔を見

ることです。

最後に「笑顔」と「アイコンタクト」が大切です。

同じような場面をたくさん見てきましたが、これを実践できている人は少ないです。下手をすると顔を上げることなく着席する人もいます。

普段からしっかり習慣にしていないとなかなかできないものです。

このように、お辞儀をきちんとすることで相手への敬いの気持ちが表現できます。一つひとつの動作に心を込めて、相手を意識したお辞儀をするようにしましょう。

6 挨拶は相手の心を開くカギ

⚜誰のために挨拶するのか

「挨拶」の意味は「自分の心を開いて、相手の心に迫る」です。

あなたが相手の心に近づきたい気持ちをもって挨拶すると、相手もその思いに応じるように挨拶を返してくれます。お互いの思いを受け取ることで心の距離が縮まるのです。

ところが、**「挨拶は目下からするもの」と固定観念を抱いている人が少なくありません。**挨拶はコミュニケーションの基本なのに、挨拶されるのを待つ。これでは、相手との心の交流は難しいでしょう。

挨拶は誰のためにするものなのかを考えるきっかけとなった、忘れられない出来事があります。

私が社会人5年目のとき、あるセミナーに参加しました。

講座当日、「どんなことをするのだろう」と不安を抱えながら会場に入ると、なんとなく重苦しい雰囲気。他の方々の緊張が伝わってきます。

席に向かうと、右隣の人はすでに着席していましたが、知らない人だったので黙って席に座り、開始時間を待ちました。

ほどなく、会場後方の受付あたりから、「おはようございます！」と女性の大きな声が聞こえてきました。

あまりに大きいので、皆が一斉に振り返ったほどです。受付をすませたその声の主は、空席だった私の左隣の席まで来て、

「おはようございます！　○○です。よろしくお願いします」

と、元気よく私に挨拶をしてくれたのです。もちろん初対面です。

私も思わず立ち上がって挨拶をし、それから、お互いにどこから来たとか、どんな仕事をしているだとか、開講までの数分間、お互いに自己紹介をすることができました。

おかげで緊張もとれ、気持ちよくセミナーを受けられたのです。

そのとき、私はハッとしました。

「そうか！　この方は自分から『先に』挨拶をして、自分の居心地をよくしようとしたのだ。そのおかげで、私も居心地よくさせてもらえたのだ」と気づいたのです。

挨拶は相手に不快感を与えないようにするものだとよく知っていましたが、それだけでなく、「自分自身のためにするものでもあるのだな」と私はこのとき教えていただいたのです。

もしも私がもっと早くにそのことを知っていたとしたら、先に座っていた右隣の人に自分から挨拶をして、私も右隣の人も気持ちのよい時間を過ごせたでしょう。

このように、挨拶は相手のためだけでなく、自分から「先に」挨拶することで、場の空気を変え、自分の居心地をよくするためのものでもあるのです。

年齢や立場の上下に関係なく、常に「挨拶は自分からする」ことで、自分の心も世界も広がります。

「仕事や人間関係の潤滑油」である「挨拶」をしっかりするようにしましょう。

7
返事は何よりも優先されるべきもの

⚜返事はビジネスの基本

部下が上司であるあなたのもとにやってきました。

部下「○○課長、失礼いたします。ご報告したいのですが、よろしいですか?」
上司「(パソコンの画面を見ながら) う〜ん」(気のないような返事)
部下「……(その先を話してよいものだろうか)」
そのとき部下は、少し時間を置いてこのように問いかけるでしょう。
部下「○○課長、もしご都合が悪ければ、後ほど改めます」
上司「(相変わらずパソコンの画面を見ながら) 聞いているから話して」

これでは、部下はなかなか話を続ける気持ちになりません。

こういうときは相手が気持ちよく次の言葉を続けられるように、手を休め、相手の顔を見て笑顔で返事をしましょう。

時間の都合が悪ければ、返事をしてそれから時間を改めることを約束すれば、スムーズなやり取りができ、心地よい関係が築けます。


返事はコミュニケーションの基本です。

「立つより返事」と言われるように、何よりも優先されるべきものです。

業務の途中で手が離せなくても、まず返事です。

⚜返事は二つの気持ちを表すもの

なぜこれほどまでに返事は大切と言われるのでしょうか。

それは、返事の「はい」には、大切な二つの気持ちがあるからです。

一つは、「あなたのおっしゃることを聞く心構えがあります」という「敬いの気持ち」です。

「はい」と返事をするだけで、相手に対する敬いの気持ちを届けることができます。

当然、「は〜い」と間の抜けた返事、「はい、はい」とやる気のない返事では、相手に気持ちは伝わりません。元気よく気持ちを込めて返事をすることが大切です。

二つ目は**「配慮の気持ち」**です。自分が気持ちよく返事をすることによって、相手がその後に続く言葉を出しやすくなったり、話しやすくなったりするのです。

この本をお読みの方の多くは、後輩や部下をお持ちの方でしょう。その場合、特に二つ目の意味を忘れずに仕事に当たりたいものです。

また、返事がおろそかになる理由として、次の二つも考えられます。

1．質問されたのだが、答えがわからない
2．名前を呼ばれた瞬間に、何か用事を言いつけられると察して気持ちが向かない

前者は、たとえ質問の答えがわからなくても、まず返事をします。

返事をすることは「答えがわかるから」するのではなく、「あなたがおっしゃる質問は承りました」という意味なのです。

ですから返事をした後、答えがわからなければ、「もう少し考えさせていただけますか」とか、「ご質問はよくわかりましたが、あいにく私には答えが見つかりません」と改めて話せばよいことなのです。

後者はあなたにも経験があるでしょう。「また何か言いつけられる」と思うと、返事が小さくなったり、「は〜い」とか「はい、はい」となったりします。

これでは相手はあまりよい気持ちではありません。

気のない返事をしようが、相手に用件があることに変わりはありません。

相手との人間関係を考えて、気持ちよく返事をすること。そして、頼まれたことを実践するほうが賢明でしょう。

8 「言葉遣い」を変えると運命が変わる

言葉遣いは心の遣い

「言葉遣いは心の遣い」と言われます。

心に思い描いていることや考えが言葉となって表に出て、相手に伝わるのです。

否定的な言葉を使う人は心に否定的な思いを抱いていますし、肯定的な言葉が使える人は、心にもプラスの思いが宿っているのです。

したがって、相手とよい人間関係を築きたい、うまくコミュニケーションがとりたいなど、否定的なことよりも楽しいプラスの考えを持つことが第一です。

心に前向きな思いやプラス発想・楽しい考え方があるからこそ、その思いを伝えるにふさわしい言葉を選ぼうと、心が働くのです。

なかなかプラス発想になれない人は、まず「言葉遣い」を変えることをお勧めします。

「〜してはいけない」「できるはずがない」「無理」など、否定的な言葉は使わず、「〜のほうがいい」「やってみなければわからない」「できるかもしれない」などを使うのです。

次のようなマザー・テレサの言葉があります。

思考に気をつけなさい　それはいつか言葉になるから
言葉に気をつけなさい　それはいつか行動になるから
行動に気をつけなさい　それはいつか習慣になるから
習慣に気をつけなさい　それはいつか性格になるから
性格に気をつけなさい　それはいつか運命になるから

マザー・テレサ

「思考」を変えるよりも「言葉」を変えるほうが、具体的で行動に移しやすいはずです。

「言葉」を変えることによって、気づかないうちに「思考」が変わるはずですし、自分が使っている「言葉」にふさわしい「行動」が伴ってきます。

「そんな簡単にいくものか」と思った人は、そう思った瞬間、あるいは言葉に出した瞬間に、簡単にはいかなくなります。

この時点で否定的な思考になってしまっているからです。

だまされたと思って、まずは「言葉」を変えてみること。

最終的にそれが運命をも変えるのだとしたら、行動してみる価値は十分あるでしょう。

⚜敬意を的確に伝える「敬語」

「敬いの思いを相手に伝える道具」として「敬語」があります。

敬語は「社会の調和語」と言われ、同じ土俵に上ってビジネスを進めるときに、年齢や立場を調整してくれるものです。

「相手を大切にしたい」「お客様のお役に立ちたい」と考えても、表現方法が拙《つたな》ければ、相手には伝わりません。

どんな立場で仕事をするにせよ、敬語は必須。

敬語を使いこなせなければ、ビジネスの幅、人生の幅は広がらないでしょう。

「敬語は難しい」「形ばかりで心が伝わらない」「そんな丁寧な言葉遣いではお客様が恐縮

する」とおっしゃる方がいらっしゃいます。でも本当にそうでしょうか。大切にしてもらって悪い気持ちの人はいません。自分の行動を変えないための言い訳をしているだけです。丁寧な言葉を相手に向けられない人は、やはりどこかで相手を大切にしていない、考えていないのです。

本当に相手を大切にしたい「思考」があれば、そのために敬語を学び、使って、伝えるなど、「行動」するはずです。

「言葉遣い」は「心遣い」です。

あなたが、お客様を大切にする気持ちを行動に移すとき、言葉遣いを丁寧にすることは避けては通れない道なのです。

次ページから、尊敬語、謙譲語、丁寧語についてまとめています。使い方や、基本ルールを確認していただくとよいでしょう。

丁寧語の使い方

敬語は大きく分けて「尊敬語」「謙譲語」「丁寧語」の3つがあります。
まずは日常会話でもよく使う「丁寧語」について見ていきましょう。
「丁寧語」を使うコツは、以下の3つです。

①自分のことを「わたくし」と言う

ビジネスでは男性も女性も自分のことを「わたくし」と言うのが原則です。特に男性で「ボク」や「自分」を使っている方は、まず、「わたし」から始めてみましょう。話の始めを丁寧にすると、最後まで丁寧に話そうという意識が芽生え、終始、丁寧な言葉で話すことができます。

たとえば、「ボク、昨日京都に行ってきたよ」を、「わたくし」で始めると、「わたくし、昨日京都に行ってきたよ」とはなりません。「わたくし、昨日京都に行って参りました」としないと、言葉のバランスが取れないのです。

②名詞に「お」や「ご」をつける

たとえば、「挨拶」「連絡」「電話」「名前」などを、「ご挨拶」「ご連絡」「お電話」「お名前」とします。これだけで数段言葉遣いが丁寧になります。

③「〜です」「〜でございます」で話す

会話の語尾も重要です。「。」までしっかり話すことを心がけ、その語尾が「です・ます調」になるようにしましょう。「〜ですが……」と語尾があいまいにならないようにします。同僚・後輩であっても、「〜だったよね」など、タメ口にならないように気をつけましょう。

この3点がしっかりできるだけでも、ずいぶん言葉遣いは丁寧になります。
できていない方は、ぜひすぐに始めてください。

尊敬語の使い方

「主語が相手」の場合、すべて動詞を「尊敬語」にします。いずれも変えるのは「述語」の部分です。

以下の3つの基本ルールを覚えてしまいましょう。

①言い換える

もともとの動詞を別の言葉に言い換えます。
こういった「言い換える」言葉の種類はそれほど多くはありません。
仕事でよく使う言葉を挙げますので、覚えてしまいましょう。

- **する** ➡ なさる「お客様が発言します」➡「お客様が発言なさいます」
- **言う** ➡ おっしゃる「○○さんが言います」➡「○○さんがおっしゃいます」
- **行く・来る・いる** ➡ いらっしゃる「△△さんが来る」➡「△△さんがいらっしゃいます」
- **食べる** ➡ 召し上がる「□□様が食べます」➡「□□様が召し上がります」など

他のほとんどの動詞は、次にお伝えする②か③で「尊敬語」にすることができます。

②お（動詞）になる

たとえば、次のような使い方です。

- **話す** ➡「○○様がお話しになります」
- **会う** ➡「△△課長がお会いになります」

③(動詞)れる、(動詞)られる

たとえば、次のようになります。

- **話す** ➡「○○様が話されます」
- **会う** ➡「△△課長が会われます」

「敬語は難しい」と決めつけないで、ルールどおりに組み立てていけば大丈夫です。

謙譲語の使い方

「謙譲語」は自分をへりくだることで、結果として間接的に相手への敬いを表現する言葉です。主語が「私」や「身内、自社の人」はすべて「謙譲語」を使います。「謙譲語」の基本パターンは次の3つです。

①言い換える

尊敬語と同じで、もともとの動詞を別の言葉に言い換えます。
こちらも同様に覚えてしまいましょう。

- 言う ➡ 申す「私が申します」
- 行く ➡ 参る「私どもの課長が参ります」
- 見る ➡ 拝見する「私の父が拝見します」など

その他のほとんどの動詞は、「尊敬語」同様、次にお伝えする② か③で「謙譲語」にすることができます。

②お（動詞）する

たとえば、次のような使い方です。

- 話す ➡「私がお話しします」
- 聞く ➡「私がお聞きします」

③（動詞）いただく、（動詞）させていただく

たとえば、次のようになります。

- 話す ➡「私が話させていただきます」
- 説明する ➡「私が説明させていただきます」

ポイントは「主語を見極めること」。主語が相手であれば「尊敬語」、主語が自分や身内であれば「謙譲語」のルールを適用しましょう。

9 ＰＤＣＡサイクルが仕事の進め方の基本

⚜仕事は線でつながっている

ビジネスマナーを身につけるということは、何も動作のことだけではありません。仕事がどう回っているか、世の中がどう動いているかを把握できていないと、本当の意味でビジネスシーンに合った心遣い、気遣いはできません。

ここでは、仕事の進め方の基本となる「ＰＤＣＡサイクル」について、お話ししていきましょう。

たいていの仕事は、「計画」を立て、計画通りに「実行」し、結果を「検討」し、その後の「対策」を練り、次の仕事につなげます。

この流れは「マネジメント・サイクル」または、計画（Plan）、実行（Do）、検討（Check）、対策（Action）の各行動の頭文字をとり「ＰＤＣＡサイクル」と呼ばれます（75ページ図）。それぞれのステップを確実に行うことによって、仕事の精度はよくなり、さらに効率性・生産性が上がります。

ＰＤＣＡサイクルについて、詳しく見ていきましょう。

1 計画 ～Plan～

どんな小さな仕事にも目的があります。その目的を認識できているかどうかで、仕事の質は大きく変わります。

あなたが上司として指示を出すのであれば、業務を指示する際にきちんと目的を伝えているか、もう一度振り返ってみてください。目的を知らせずに業務をさせても、仕事はうまく運びません。目的を知らせることを確実にすれば、目的どおりに仕事を進める習慣がつき、部下はどんどん成長します。

目的さえ外れなければ、実施方法は部下に任せることもできます。「あなたに任せます」と伝えれば、部下のモチベーションも上がりますし、成長の一助にもなります。

目的を知り、方針・方法を考える。これが計画の段階では重要です。

❷実行　～Do～

実行は計画通りに行います。途中で、計画と違ってくることもありますが、その場合は、もう一度、目的確認に立ち戻って、柔軟に修正案を考え、進めることが大切です。

上司は自分の仕事を実行するとともに、部下の実行の具合を見守りながら、軌道修正が必要な場合は指示をします。

❸検討　～Check～

実行の結果が、目的通りのものとなったかを確認します。違うようであれば、なぜズレたのか、どうすれば修正できるのかを考えましょう。

目的通りに実行された場合は、さらに改善策を考えます。

もっと早く、正確に、あるいは安く、安全に、あるいはもっとお客様に喜んでいただけるようになど、その業務に応じて改善策や工夫を考え、次の一手に反映させていきます。

あなたが上司なら、実行した部下と違う視点で確認することで、新たな気づきを得ることができます。実行者には思い込みがあるため、なかなか気づけない点があるもの。それらを見つけ、アドバイスすることで、よりよい一手が生まれてくるのです。

PDCAサイクル

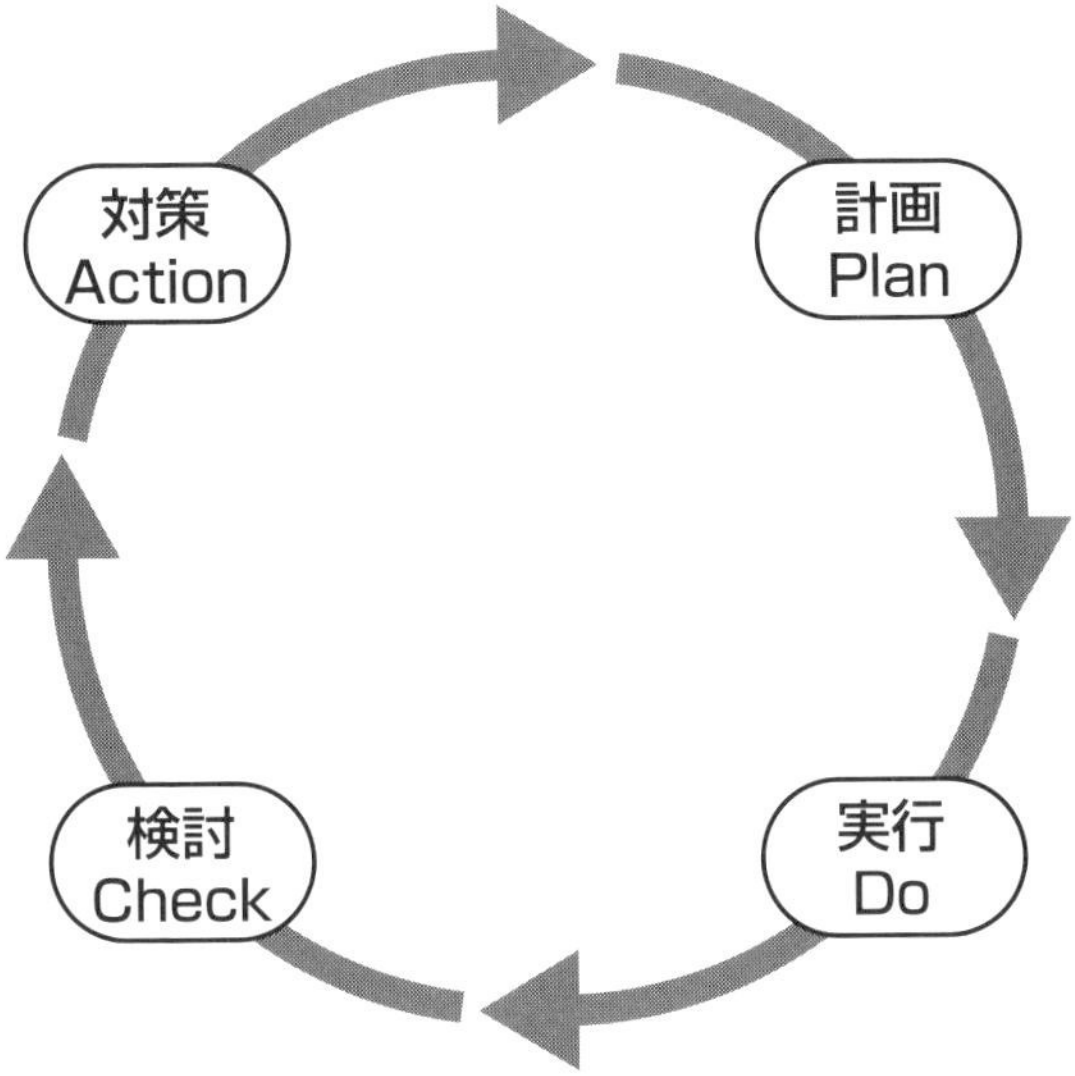
計画
Plan
実行
Do
検討
Check
対策
Action

❹ 対策 〜Action〜

検討した結果を踏まえ、次の策を講じます。

修正するところはないか、じっくり検討し、次につなげます。結果によっては、計画自体を廃止する判断もあるでしょう。

仕事は点ではなく、線でつながっています。自分の仕事の前工程・後工程も考えなければなりませんし、チームで仕事をするからには、周りの人の仕事との関連も考えて仕事をする必要があります。

そのためには、結果や検討策などを文書として残したり、問題点を上層部に報告したりすることも必要です。こうした対策があってこそ、永続的な会社の発展があります。

実行の前に計画し、実行の後に目的どおりか検討を行い、検討した結果、対策を講じ次回の計画に活かす――。

この「マネジメント・サイクル」の各段階を経ていくことが、組織に所属しチームで仕事をする人にとって大切な、仕事の進め方なのです。

10 名刺はその人の分身として大切にする

名刺の扱い方が印象を決める

名刺はその人の「分身」と言われます。

いただく名刺はもちろんのこと、差し上げる自分の名刺も大切に扱います。

大切にしていることを表すために、特にいただいた名刺は、胸の高さに保って名刺入れの上にのせ、両手で持ちましょう。

名刺は名刺入れに入れて、男性は胸内ポケット、女性はバックに入れて、常時携帯します。

名刺交換は出会いの場面でよい印象を持っていただくためのポイントです。

ビジネスが気持ちよくスタートできるように、基本のマナーはしっかり身につけておきましょう。

講演や研修で名刺交換マナーを説明すると、しばしば次のような質問を受けます。

1「名刺を片付けるのはどのタイミングがよいのですか?」

2「名刺を切らしてしまった場合は、どうすればいいのでしょうか?」

多くの方と名刺交換をしてきましたが、この二点については、残念な応対をされる方が少なくありません。

まず一つ目の質問にお答えしましょう。

名刺交換の後、着席して面談する場合、相手の名刺を「すぐに片付ける」のも「辞去間際までテーブルに出しておく」のもマナー違反です。

テーブルに交換した名刺を並べ、お名前と顔を覚えます。片付けるのは、本題に入り書類などをテーブルに並べるときやお茶を出していただくときなどの話の切れ目。

その際、大切なものをいただいた気持ちを表すために、自分の目より名刺を高くかかげる、「押しいただく」動作を習慣にしましょう。

続いて二つ目の質問にお答えします。

うっかり名刺入れを忘れたり、思いがけずたくさんの方にご挨拶をすることになり、期せずして名刺がなくなったりするときがあります。

このようなときは、

「申し訳ございません、あいにく名刺を切らしておりますが、私は○○会社の△△と申します。どうぞよろしくお願いいたします」

とご挨拶をして、相手の名刺を頂戴します。

そして、後日お目にかかったときに、

「先日は大変失礼いたしました。改めまして○○会社の△△と申します。どうぞよろしくお願いいたします」

と言って名刺をお渡しします。

当分お目にかかれそうにない場合は、郵送するぐらいの丁寧さが必要です。

人を紹介するときはひと言そえる

立場が上がると、あなたが仲介役となり、人を紹介する機会が増えてきます。紹介される人にとってよい出会いの場となるかどうかは、あなた次第。ご紹介がよい出会いとなるように心がけましょう。

「お客様に自社の上司（部下）を紹介する場合」と「お客様に他社の方を紹介する場合」の流れと注意点は、それぞれ次の通りです。

❶お客様に自社の上司（部下）を紹介する

紹介するときは、「立場が下の人を先に、立場が上の人を後で」紹介します。

お客様に上司（部下）を紹介する場合は、

「○△様、ご挨拶させていただきます。私どもの（部長の）○○でございます。○○部長（○○さん）、こちらが□□会社の営業部長○△様です」

と紹介し、自社から先に名乗って名刺を差し出します。

❷お客様に他社の方をご紹介する

お客様に他社の方を紹介する場合は先に他社の方、その後にお客様の順で紹介します。

「△□様ご紹介いたします。こちらは○○会社△△部部長□□様（訪問した側）です。

「□□部長、こちらが、先般よりお話しております○△商事の△□様です」

その後、「主に建築用資材の調達を担当していらっしゃる……」といったお互いの会社の情報などをあなたが簡単にご紹介すると、そこから会話が始まりやすくなります。

❸正しい敬語を使う

お客様に上司を紹介する場合は、お客様には尊敬語、上司（部下）は呼び捨てにするなど、謙譲語を使います。

お客様に他社の方を紹介する場合は、両方に尊敬語を使います。

大事なシーンで混乱しないよう、日頃から敬語の区別をきちんとしておきましょう。

❹慎重にご紹介しましょう

大切なお客様にどなたかを紹介する場合は、慎重であることが大切です。思わぬトラブルに巻き込まれて、大切なお客様にご迷惑がかからないよう、事前準備、そしてその場も十分気をつけましょう。

なお、どちらを先に紹介すればよいのか混乱してしまったときは、「名刺は目下から差し出す」という原則に従って、「自社をお客様へ」「訪問者をお客様へ」の順で進めれば、失礼には当たりません。覚えておいてください。

第3章

人間関係がよくなる
コミュニケーションのマナー

1 聞き上手は話し上手

まずは「聞く」を意識する

職場では、「積極的な態度」で仕事に取り組みましょうと言われます。

しかし、あまりに一生懸命すぎると、自分では気づかないうちに独りよがりになることがあります。その結果、チームワークを乱したり、相手の気分を害したりすることになりかねません。

「私」を出しすぎることなく、まずは、「相手の話を聞く」ことを心がけましょう。

「聞く」ことを優先すると、独りよがりになっていないかを自分で確認することができます。相手が求めていることもわかり、職場の風通しもよくなるでしょう。

また、お客様に喜んでいただくためにも「聞く」ことは大切なことです。お客様が何を求めていらっしゃるのか、お客様の話にしっかり耳を傾けるのです。そこで、お客様のお困りごとをお聞きし、求めていらっしゃるものに自社のサービスや商品がお役に立てると感じたならば、そこで初めて、あなたから情報を提供するのです。

そうすればお客様の興味があなたの話に向くはずです。

聞くことで初めて話すことがわかるのです。

もし自信がある商品・サービスなのに売上がよくないのであれば、お客様のお話を聞くことが不足しているのかもしれません。

聞くことがうまくなると、相手にとって必要なことがよくわかりますから、話し上手にもなれるのです。

あいづちで話が大きく弾む

「聞くことに徹しているとなかなか会話が弾まない」と感じている方はいませんか？

そのような方は、「あいづち」を上手に使うことで改善することができます。

聞き手が無言では話し手は楽しくなりません。聞き手がタイミングよく「あいづち」を打つことで、話し手も話しやすくなり、会話が弾みます。

そのためには、「あいづちの引き出し」を充実させましょう。

まず、基本的な「あいづち」を挙げてみます。

「そうですね、私もそう思います」同意。
「まあ、それは大変だったでしょう」共感。
「それで、その後はどうなったのですか」と相手の話を促す。
「つまり、○○ということですか」と話を整理する。

「あいづち」は、「はい」「そうですか」「なるほど」などの短い言葉を使うことや、うなずくだけでよいと誤解していませんか？

こうした短い言葉では「受身」となってしまい、会話が続かなくなるのです。

「あいづち」はもっと積極的な行動です。

さらに会話が弾むように、相手が気分よく話せるように、積極的に関わっていくための道具なのです。

会話が弾む2つのあいづち

①相手の言葉を繰り返す

「～で困っているので何とかしたいと思っているのです」と相手がおっしゃったら、「○○さんは、～で困っていて、何とかしたいと思っていらっしゃるのですね」と繰り返します。これで相手は「自分の話を聞いてもらえている」と実感でき、話が進めやすくなります。

ただし、「お困りでしたら～という方法がありますよ」あるいは「～などもいいかもしれませんね」とすぐにアドバイスするのはNGです。「意見やアドバイスを求めているのか、ただ話を聞いてもらいたいのか」を区別して反応しましょう。

②知っていることでも知らない演出をする

自分が知っていることが話題に出てくると、つい「そのことならよく知っています」と言ってしまいがちですが、これでは続きを話す気持ちが萎えてしまいます。反対に、「そうなのですか。それは知りませんでした。勉強になります」と言うと、相手はもっと情報を伝えたいと考え、いろいろ教えようとしてくれるので、会話が弾みます。

「あいづち」のつもりが、相手を不快にさせることがある！

たとえば、「おっしゃるとおりです」という「あいづち」は、場合によっては相手を不快にさせます。「おっしゃるとおりです」は、相手に同意する「あいづち」ですから、その後聞き手が反論をすることはおかしいのです。しかし時折、「でも･･･」と反論する人がいます。こうなると、「おっしゃるとおりです」は聞き手の「早く話を終わらせたい」気持ちの表れとなり、相手は「馬鹿にされた」「聞き流されている」と思ってしまいます。

このように一部使うことを控えたい「あいづち」はありますが、それ以外は会話を弾ませるのに役に立ちますから、上手に使って会話を弾ませ、「聞き上手」になりましょう。

2 気遣いで会話がスムーズに

⚜心を開いて楽しく過ごす

ビジネス会話を成功させるコツは、大きく次の四つです。

1 話を聞くときは心を開く

話し手が楽しく話せるのは、聞き手が楽しそうに聞いてくれるからです。

それは、ビジネスシーンであっても同じ。一番大切なことは笑顔で聞くことです。

あなたが笑顔でいれば相手も笑顔になり、心が開きやすくなります。

実は商談で最も難しいのが、相手に心を開いていただくこと。

言い方を変えると、ここさえクリアしてしまえば、たとえ今回の商談がまとまらなくても、また次の機会につながります。

もし興味が持てない話だと感じても、まずは笑顔で話を聞いてみましょう。

❷ 話の腰を折らない

聞き手のはずだったのに、いつの間にか話し手と役割交代してしまうことがあります。それほど人は、話し手になりたい気持ちが強いのです。

だからこそ、相手に話し手の立場をゆずり、相手に気持ちよく話していただくことが大切なのです。

「その話、知っている」

と思っても、ぐっと我慢して、聞き手に徹しましょう。

❸ 幅広いジャンルの話題を準備しておく

相手が、話すことが苦手な人の場合もあるでしょう。

このようなときのために、事前に、相手に関わりのある話題、趣味や力を入れていることなどの情報収集をしておきます。相手の関心事を話題にすれば、話に乗りやすいからです。

情報収集できない場合は、幅広いジャンルの偏りのない話題を準備しておきます。

ただし、政治や宗教は話題に向きません。

また、プロ野球などプロスポーツの話題も、相手のひいきのチームを知っている場合を除き、話題にしないのが無難です。

これらは会話が対立してしまうことになりかねないからです。

相手の興味がどこにあるかがわかるまで、幅広い話題を提供しながら、何に関心がありそうなのか観察します。

相手が話に乗ってきたり、姿勢が前のめりになったり、目がきらっと輝いたときが関心のあることのサインです。

その話題を膨らませるように会話を続けていきましょう。

④話しながら聞き手の様子をうかがう

以前、ＩＴ関係の会社の研修で、こんなお話を聞きました。

営業担当者がお客様に新サービスについて説明していたときのことです。

お客様はＩＴに詳しそうなお話しぶりで、何を話しても、「それ知っているよ」とおっしゃるので、担当者はうれしくなり、専門的な言葉を使いどんどん話を進めていきました。

ところが、ふと気づくと、お客様の目が点に。

「しまった！　伝わってなかったのか」

と慌てて話を中断しましたが、担当者はどこまでさかのぼって説明しなおすべきかわからず、大変困ったそうです。


大人になると「わからない」と言いにくいものです。

ですから、「知ったかぶり」をしてしまうこともあります。

また、少しだけ「格好よく見せたい」気持ちが働くこともあります。

このお客様はきっとそのいずれかだったのでしょう。

会話中は、相手の顔を見たり、目を合わせたりしながら話すことが大切です。

相手の心の動きは表情に表れやすいものです。

もしも前述の担当者がお客様の顔を見て様子をうかがいながら話せていたら、もっと早く「異変」に気づいて説明の仕方を変えることもできたのです。

気づいたら、「今のところは複雑なので、もう一度ご説明しますと……」とか、「別な言い方をすると△△△と言いまして……」など、配慮することも可能だったでしょう。

自分の得意な話題のときは、話し手は話すことに夢中になりがちです。

相手の様子に気を配ることを忘れないようにし、相手の表情を見て、納得しているかどうかを推し量ります。

小首を傾げていないか、眉間にシワは寄っていないか、目をそらしていないかなど、相手の様子をうかがいましょう。

3 相手が気持ちよく引き受けたくなる頼み方

「ひと言をそえる」を心がける

キャリアが上がると、部下や後輩に仕事を「依頼」する機会が増えます。

上司・先輩になったら、「頼み上手」になりましょう。

「頼み上手」になると、あなたの仕事の効率は上がりますし、部下や後輩が力を発揮できるよいチャンスにもなります。

また何よりも、自分で抱え込まなくてもよいので、自分自身も時間に余裕ができ、新しいことにチャレンジしたり、周りに目配りしたりする時間が持てます。

このように、「頼み上手」になることは、上司・先輩の役割を果たすための大切なスキルなのです。

では、「頼み上手」になるにはどうしたらよいか、考えてみましょう。

たとえば、部下に、

「始業は9時だけれど、明日は8時半に出社してほしい」

と依頼するとき、あなたならどのように言いますか。

「明日○○があるので、8時半に来てください」

「少し早くて申し訳ないけど、明日○○があるので、8時半に来てください」

この二つであれば、後者のほうがいいでしょう。

後者には、「相手の立場を思いやる気持ち」がひと言そえられています。

あるいは一歩進んで、このような言い方はいかがでしょうか。

「少し早くて申し訳ないけど、明日○○があるので、8時半に出社してくれるとうれしい」

「朝早いのは大変だと思うけれど、○○さんに8時半に出社してもらえると助かるわ」

これなら、部下も「少し朝早くてもがんばるぞ！」とやる気になります。

あなたの気持ちを伝える「うれしい」「助かる」などの言葉をそえることによって、相手の心が動くのです。

仕事を頼むときは、「相手を思いやるひと言」や「自分の気持ちを伝えるひと言」をそえることが基本です。

⚜部下が気持ちよく仕事を引き受けられるために上司がすること

次に、部下が気持ちよく仕事を引き受けたいと思うような「仕事を依頼するコツ」について考えてみましょう。

❶相手の状況をよく観察する

依頼することが下手な人の原因の一つは、相手の状況を考えず依頼することです。

相手の仕事の状況・心理状態を観察し、タイミングを見計らって依頼することが「頼み上手」といえます。

「それほど仕事が立て込んでいないようだ」「イライラしている様子もなく、いつもどおり仕事に取り組んでいる」など、いい意味で「顔色を見る」ようにしましょう。

❷手間をかけることに配慮のひと言をそえる

「急なお願いで申し訳ないけれど」「○○の案件が進行中のところで悪いが」など、相手の状況や気持ちを推し量るひと言を付け加えるだけで、部下の受け取り方が違います。

「自分の状況を理解してもらえているが、あえての依頼なのだ」とわかるからです。

部下から「忙しいから無理です」と返されないように、「ひと言そえる」習慣をもちましょう。

❸仕事をしてもらいたい期日を伝える

納期をはっきり伝えましょう。

「手が空いたら」とか「時間があるときに」など、あいまいな言い方をする人がいます。

これらは遠慮する気持ちからの言葉ですが、部下が言葉通り受け取ると、本当に「手が空いたとき」しか取り組みませんし、「時間がない」ときは、取り組むのがかなり後回しになることも考えられます。

依頼したあなたからすると、「なぜもっと早くやってくれないのだ」と思うかもしれませんが、これはあなたの言い方があいまいで、部下には重要度が伝わっていないからなので、仕方ないのです。

部下に配慮するあまり、余計な気を回しすぎてはいけません。

むしろ、シンプルに納期を伝えたほうが、部下も段取りよく仕事が進められるのです。

4 依頼にいたった理由を伝える

納得して気持ちよく仕事をしてもらうために、依頼の理由も話すとよいでしょう。

依頼の仕方について例示してみます。

「今回の展示会は、お客様に弊社の主要商品を知っていただく大切な機会です。ドリンクサービスコーナーでは、お客様にくつろいでいただけるようなサービスメニューを取りそろえ、スタッフも笑顔で応対できる人を人選して、おもてなしできるように企画してみてください。あなたの日頃の気遣いの様子を見込んで、お願いしますよ。企画書は○月△日までにお願いしますね」

以上のように、理由やその仕事の目的を伝え、「あなたを頼りにしている」と、背中を押すひと言をそえ、気持ちよく取り掛かれるように依頼しましょう。

「いいから、やって！」とか「指示だから従いなさい」など、言葉には出さなくても態度に出ていれば、部下のやる気はなくなってしまいます。

ここで紹介した四つのことは、どれも簡単に実行することができます。

相手が気持ちよく行動できるような「頼み上手」になりましょう。

4

誘いを断るときは最初に感謝を伝える

相手が気持ちよく納得する断り方をする

相手からの依頼を断らなければならないとき、あなたはどのように言いますか。

断ることは、誰もが言いにくいものですので、

「考えておきます」

「検討してみます」

など、あいまいに答えてしまいがちです。

しかし、あいまいな返事をしたばかりに誤解を招き、トラブルに発展することもあります。

断り方を覚え、トラブルもなく、相手に納得していただけるようにしましょう。

たとえば、会社の飲み会の誘いを断る場合。誘ってもらった日が、運悪く習い事の英会

話教室の日だったとします。

「その日は英会話教室の日なので、参加できません」

これでは、誘った人も「せっかく誘ったのに」といやな気分になります。

今後、参加できるときに参加したいと思っても、次からお誘いがなくなるかもしれません。

では、こんな言い方はいかがでしょうか。

「お誘いいただきありがとうございます。残念ですが、毎週火曜日は英会話教室の日なので参加できません。別の曜日であれば、次回はぜひ参加させてください。よろしくお願いします」

と言えば、相手もそれほどいやな気持ちにはなりませんし、「都合が合わないだけで、本当は参加したい」気持ちが伝わります。

儀礼的な言葉だけでなく、自分の気持ちや、具体的な代替案などを伝えておけば、相手が不快になることはまずありませんし、気持ちが伝わり好印象を与えます。

⚜うまく断るコツ

「相手に気持ちよく納得していただく断り方」のコツは次の二つです。

❶断るときこそ話をよく聞く

話を聞いている途中で「お断りしなければいけないな」とわかると、知らず知らずのうちに「私は断ります」オーラが出てしまいます。無意識に「困った顔」「眉間にシワがよる」などの表情になってしまい、それが相手に伝わるのです。

断らなければならないときこそ、「困ったな」とは考えず、「お誘いいただいた感謝」が最初に伝わるよう、まずは最後までしっかりと話を聞きましょう。

❷感謝・謝罪の言葉は始めと終わりに二度入れる

お断りの言葉は二番目に言います。最初は「お誘いいただいた感謝」を伝え、その後「お詫びの言葉」に理由をそえます。

そして、最後にまた感謝かお詫びの言葉を入れます。

「お誘いいただきありがとうございます。申し訳ございません。あいにく○○です。本当に申し訳ございません」

と、断る理由を感謝・謝罪の言葉で「サンドイッチ」形式にすると覚えてください。

職場のお付き合いを含め、人からお誘いいただく機会は少なくありません。

「お誘いいただくのはありがたいことだが、すべての誘いに応じていては、自分の時間が持てない」と考える気持ちもわかります。だからといって、無下に断ってしまえば人間関係を悪くしかねません。

職場のお付き合いもしながら、自分の時間も大切にするために、「うまく断る力」を身につけましょう。

5

「叱る」ではなく「注意する」と考えて行動する

「叱る」と「怒る」の違い

部下や後輩を「叱る」ことが苦手な人は少なくないでしょう。

よく「叱ると怒るは違う」と言われますが、頭でわかっていても、つい「怒って」しまう人が多いのではないでしょうか。

そもそも、「叱る」と「怒る」の違いは何でしょうか。

「叱る」とは「相手のことを思って、愛情と理性をもって話すこと」、

「怒る」とは、「自分自身をセルフコントロールできず、感情をむき出しにして話すこと」。

いかがでしょうか？

あなたが上手に「叱る」ことができたときのこと、そして、叱るつもりがつい怒ってし

まったときのことを思い出してみてください。

うまく「叱る」ことができたときは、何が間違ったのかを「冷静に」伝えることができ、それほど感情的ではなかったはずです。

しかし、「怒って」しまったときは、「間違った事柄を指摘する」よりも、腹が立つ「感情」が先行していませんでしたか。

このことから、「叱る」と「怒る」の大きな違いは、あなた自身が感情をセルフコントロールできたかどうかなのです。

⚜「叱る」を「注意する」に置き換えてみる

「叱る」ことが上司の仕事だとわかっていても、「叱る」行為そのものに抵抗がある人も多いでしょう。

それは、子どもの頃に「親から叱られた」経験が心に深く大きく残っているからです。「叱る」という言葉を聞くと、子どもの頃の「怖かった」心の痛みを思い出し、叱られる相手の気持ちが、子どもの頃の自分の心の痛みと重なり、相手を叱ることを躊躇してしまうのです。

こうした心の背景を考えると、スキルを身につけることも大切ですが、少し心の負担を軽くすることも必要です。

そのために、「叱る」を「注意する」と置き換えてみましょう。

それだけで、少し心のハードルが下がり、上司としての行動がしやすくなります。

「言葉を変えるぐらいで、本当に変わるのだろうか」と考える人もいるかもしれませんが、「思考の表れが言葉」そして、「言葉の具現化が行動」です。

行動を変えようと思ったら使う言葉を変えるのは大切なことです。

仕事では「怒る」はもちろんのこと、「叱る」もこれからは思い浮かべたり考えたりしないようにしましょう。

必要なことは「注意する」です。だまされたと思って、ぜひ実践してみてください。

⚜「注意する」目的は行動の修正

「怒る」ことがなぜいけないのでしょうか。

それは上司が「怒る」と、部下は「怒られた」と腹立たしい「感情」だけが先行して、上司から「何を注意されたのか」が、わからなくなってしまうからです。

これでは上司の行動は何の意味もないものになってしまいます。

上司が「注意する」目的は、たった一つ。部下に「行動を修正」してもらうことです。

そこには「感情」を伴う必要はなく、

「部下自身が何を間違えたかを理解すること」

「どのように行動を修正すればうまくいくか」

を部下自身に考えさせたり、上司がアドバイスしたりすることが必要なだけです。


このように「注意する」ことを繰り返しながら指導し、部下の行動の修正を促します。

たとえ、何度注意をしたにも関わらず行動が変わらなくても、決して感情的な言動にならないように、あなたの残念な気持ちや、何度注意しても行動が変わらない歯がゆさなどを、冷静に言葉で伝えます。

たとえば、

「同じミスを繰り返すなんて、○○さんらしくないですね。いつもはミスをしてもそのあとは慎重に確認して繰り返さないようにしているのに。残念だなあ。こんなに繰り返すなんて、何か理由がありますか?」
と理由を聞いてみるのもよいでしょう。

「残念に思う」の言葉で「あなたがきちんとできる人だとわかっているよ」ということが伝わります。

目的は「行動の修正」であることを見失わず、「注意」をしましょう。それが、上司のスキルとして望まれます。

⚜理想は自尊心をくすぐる注意の仕方

「注意する」ときは、相手の自尊心を傷つけないよう、行動だけを指摘することです。

部下の自尊心をくすぐり、やる気にさせる注意の仕方こそ、上司が身につけるスキルであると言えます。

「何が間違っていたのか」を気づかせ、
「どのように行動を変えたらよいのか」を理解させ、
「あなたの実力はこの程度ではないと信じている」とさりげなくエールを送る。

注意するときに、やってはいけない3つのこと

①他人と比較しない

「Aさん、遅いじゃないですか。Bさんはもう終わっていますよ」

これではAさんはやる気を失い、「それならば、Bさんに頼めばいいじゃないか」と思ってしまいます。

　このような場合は、「Aさん、あなたならもう少し早く処理できるはずです。○時を目標にがんばってください」と言います。

　他人と比較するよりも、ずっとやる気を引き出すことができるでしょう。

②人前で注意しない

　多くの人の前で、注意されるのは恥ずかしいものです。

「さらしものにされた」「みんなの笑いものにされた」と、やる気を失います。注意することの目的は「行動の修正」ですから、部下の「感情」が先行してしまう、この方法はうまくいかないのです。

「注意する」ときは、一対一で話すことができる空間で行いましょう。

③以前注意しそびれたことは蒸し返さない

「この際だから言っておくけど、以前の○○の案件のときも……」のような、「この際だから」のひと言は禁物です。注意するときは、原則「注意すべきことが起きたそのときに」です。上司からすると、いくつか目に付くことがあって、「もうこれ以上は放置できない」と思った末での「この際だから」発言ですが、部下からすると、「いつの何について言われているのか覚えがないこと」にもなります。

　身に覚えがないことを注意されても、部下は行動の修正のしようがありません。「今、ここで」起きている問題だけを取り上げましょう。過去を蒸し返しても、うまくいかないものです。

これが、理想的な注意の仕方です。

つまり、部下に「花を持たせること」です。

注意を受けたはずなのに、話し終わったらやる気がでて、すぐに行動の修正に取りかかれる。そのような部下との関わり方を目指しましょう。

注意されていたはずなのに、ほめられたような錯覚を覚えるから、部下はやる気が起きるのです。

「注意する」ときに「やってはいけないこと」がいくつかあります。主な三つを107ページにて紹介していますので、確認しておきましょう。

6 相手が納得してくれる謝罪とは

⚜「会社の代表」として謝る

仕事でミスをして謝る、お客様からお叱りをいただき謝罪するなど、仕事では謝らなければならないことが、たくさんあります。

あなたは普段、どのような謝り方をしているでしょうか。

相手に納得していただけるよい謝り方のポイントは次のとおりです。

1 第一声で「申し訳ございません」と言う

仮にやむを得ない理由があったとしても、第一声はとにかく「申し訳ございません」と言います。謝罪の言葉を言わないで理由を先に言うと、「言い訳」ととらえられてしまいます。最初に「このたびは申し訳ございません」と言うことが、何より重要です。

❷今後どうするかを明確にする

謝罪し、納得していただいたら、今後どのようにするか事後策を明確にします。相手は、「修正すべき点がわかっていなければ、同じミスを繰り返す」と考えますから、今後の対処を提案すれば、相手も納得してくれます。

❸感謝の気持ちを伝える

指摘してもらって初めて気づくこともあります。

謝罪とともに「ご指摘いただきありがとうございます」、または「教えていただきありがとうございます」と感謝の気持ちを伝えることができれば、指摘した人も「指摘したかいがあった」とうれしいものです。

この件をきっかけに、よい人間関係が生まれることもあるのです。

謝るときは、自尊心との葛藤が少なからずあります。

しかし、理由はどうであれ、相手を不快にさせたことには謝罪が必要です。たとえ自分のミスではないとしても、「会社の代表」として、謝罪する気持ちを持ちましょう。

7 ほめるときは具体的に

「ねぎらうこと」から始めてみる

ほめるとやる気が出て、成長の度合いが上がるといわれています。

「ほめる」とは人柄やその人の行動に対して正当に評価し、それをきちんと相手に伝えることです。

上司であるあなたが部下をきちんとほめることができると、ほめられた部下はやる気を出し、何事にも積極的に取り組み、能力を伸ばすことができるのです。

ほめるためには、相手の態度や発言をよく観察することが大切です。仕事で工夫している点や苦労している様子なども見ておく必要があります。

しかし、ほめることが苦手な人は少なくないでしょう。

相手の短所や欠点にばかり目がいってしまい、つい言わなくてもよいことまで言ってしまうといった相談を受けることもしばしばあります。

人の欠点ばかりが目に付く人は、割り切って、よいところだけを探しましょう。欠点に気づいても、今は目をつぶり、ひたすらよいところを探し続けるのです。

人は、欠点ばかりを見ているとき欠点ばかりが気になるものです。

同じくよいところを見ようと努力すれば、必ずよいところが見つかります。

そしてそのよいところは、あなたも持っているからこそ、相手の中にも見出すことができるのです。

「ほめること」のハードルが高ければ、「ねぎらうこと」から始めてみましょう。

「ねぎらうこと」であれば、日常の何気ない行動を見つけただけで、声かけができるからです。

「お疲れ様です」「毎日早くに出社してがんばっていますね」などであれば、きっとできるでしょう。

「ほめること」も「ねぎらうこと」も「相手に関心を示す」ことです。自分に関心を持ってもらえればうれしいものですから、できることから始めてみましょう。

⚜相手を気持ちよくするほめ方

では「さすが！」と思われるほめ方とは、どのようなものでしょうか。

「○○さん、すごいですね」

と言われれば、もちろんそれなりにうれしいでしょうが、

「○○さん、この難しい企画をわかりやすくプレゼンテーションされて、さすがですね」

と言われれば、ほめられた理由がわかるのでその言葉の信憑性が増し、より頑張ろうと思います。


相手を気持ちよくするほめ方のスキルを身につけましょう。

毎日関心を持って相手を見ていると、相手のよいところが見えてきます。

それを相手に伝え、お互いに成長していきましょう。

8 ホウ・レン・ソウで職場を活性化する

報告の際は結論から述べる

ホウ・レン・ソウ（報告・連絡・相談）は仕事の基本です。

ホウ・レン・ソウがうまいか下手かは仕事の精度を左右し、チームワークに影響を及ぼしたりします。

よい報告には、次の三つのポイントがあります。

第一に、結論から伝え、**大切なことが最初にわかるようにします。**

ミスやクレームなどの報告しにくいことは言い出しにくいものですが、早い報告で対処も早くできます。

第二に、経過や理由を聞かれたら答えられるよう、資料などを準備して報告に臨みます。

第三に、自分の意見にとらわれて、事実を曲げないこと。

感情を持ち込んだまま報告すると、自分の意見を事実であるかのように報告しかねませんので、上司が事実認識を誤る恐れがあります。客観的な事実と、経験的な勘や意見は区別して述べます。

連絡がチーム力を上げる

チームに役立つ連絡をするには、「仕事は一人でやるものではない」と意識することです。情報共有することで仕事の効率もよくなり、チーム力も上がります。

込み入った内容は口頭で伝えるだけでなく、メールなどの書面にして伝えると間違いがありません。「念のために確認」という意識を持ちましょう。

相談の相手は同僚ではなく上司

「相談」は、仕事の問題やトラブルが発生しそうなときに、早めに行います。ミスを知られたくないからという理由で相談が遅くなると、取り返しがつかないことになりかねません。

また、「相談」を上司や先輩でなく同僚にする人がいますが、これではよい結果は得られません。

トラブル発生時に、決裁権のない同僚に相談しても対処が遅れるばかりで、何の役にも立たないからです。

何かあったときにすぐに応対できるよう、相談は決裁権のある上司にしましょう。

⚜ホウレンソウは部下からするものか？

「部下のホウレンソウが下手で困っている」と嘆く上司は少なくありません。

「報告してほしいこととズレている」

「相談すべきこととそうでないことが区別できていない」

ホウレンソウに関する悩みは、部下を持った経験のある方なら誰しも持っているでしょう。

一方、部下も「何を報告したらよいのだろう」「タイミングよく報告できない」など、様々な思いを抱えています。

ですから、上司が知りたい報告・情報・相談してほしいことは何かを事前に教育しておくことが必要です。「指示待ち部下」になってしまったときは、ホウレンソウをしやすいような事前の情報共有や教育が十分にできているか、振り返ってみることが必要です。

9 社内&社外の人とどうお付き合いするのか

社内に集う人々が多様化している

職場では、上司・先輩・同僚・部下・後輩など、様々な立場・考えの人と、よいコミュニケーションを取りながら仕事を進めていくことが大切です。

さらに、人材の流動が激しくなる昨今、会社には、正社員だけでなく派遣社員、契約社員など、様々な働き方をする人が増えてきました。

しかし、相手がどんな立場・考えであっても、同じ会社に勤務し、一つの目的に向かって一緒に働く仲間である以上、「うまくやっていく努力」が必要です。

それは、「与えられた環境の中で、いかにうまくやっていくかをそれぞれが考え、お互いが気持ちよくビジネスできるように配慮し合う関係」であるとも言えます。

そんな仲間たちとうまく付き合っていくにも、ビジネスマナーは欠かせません。マナーとは「相手に対する思いやりの気持ちを形にしたもの」です。人は誰もが、自分を大事に、大切にしてもらいたいと願っています。「配慮してもらえている」と感じられればうれしいもの。つまり、マナーを身につけ、行動できる人のほうが、人間関係はうまくいく可能性が高いのです。

ここでは、様々な立場・背景を踏まえたうえで、うまくコミュニケーションを取りながら働くコツを紹介していきます。

⚜正社員（上司・部下）に対しての場合

上司・部下とのよい関係を築くポイントは、次の三つです。

1 上司を補佐する姿勢を持つ

「上司が〜してくれない」と相手が何かしてくれるのを待っていても、進展はないでしょう。上司だって人間。完璧ではありません。だから、サポートする姿勢や行動が大切なのです。

❷報告・連絡・相談（ホウ・レン・ソウ）を綿密にする

仕事は上司の指示を受けて行い、上司に報告して完了です。進捗状況はそのつど連絡し、必要に応じて相談します。うまくいかないときほど早めに報告・相談をしましょう。指示をしっかり聞き取り、わからないことを確認し、上司の意図を汲み取ることが大切です。

❸積極的な「意見具申」を行う

「意見具申」とは、目上の人に意見や事情を詳しく述べることです。ただ指示に従っているだけでは、部下の役目を果たしているとは言えません。自分の考えを積極的に提案し、事業や組織がよくなるよう努力しましょう。

❹上司が部下にすべきこと

部下とのよい関係を築くコツは、部下が仕事を通して成長できるようにサポートすることです。

部下の役割が十分果たせるように、前述のような「上司が望んでいること」を教えていくことが大切です。

派遣社員に対しての場合

派遣社員の方は、契約時に仕事の内容が決まっているので、まずはその情報を職場全体で共有しておくことが大切です。上司だけが把握していても、上司以外の人も関わりを持つので全員で共有してください。

毎日同じ職場で働いていると、派遣社員といってもお互いに感覚が麻痺してしまい、本来は依頼してはいけない業務を指示してしまうこともあります。

指示したほうも悪気がないことが多く、指示された派遣社員のほうも「まあ、これくらいはいいか」と指示通りに動く。こういったことが積み重なっていき、気がついたら契約の範囲を大きく逸脱した仕事の質や量になっていることも稀ではありません。

こうなると、「なぜ私がここまでしなければならないの」と不満が生じるようにもなりますので、そのようなことが起きないよう、事前に契約内容を確認するなどしておきましょう。

お客様から見れば、正社員も派遣社員も区別はありません。また、それを言い訳にすることもできません。

したがって、派遣社員を含むよいコミュニケーションが必要なのです。

お客様に対しての場合

仕事を円滑にするために、得意先のお客様とよい人間関係を築くことは大切です。ところが、親しくなりすぎると「馴れ合い」になりがちです。

そうならないために、次の点に気をつけましょう。

1 最初と最後は「けじめ」のある丁寧な挨拶をする

最初は誰もが緊張感を持って接します。注意が必要なのは、お客様と打ち解けたころです。特に「言葉遣い」に気をつけましょう。

親しみを表すつもりが「馴れ馴れしい」と誤解される言葉になっていることがあるからです。「目の前の方はお客様」といつも意識しましょう。

そのコツは、話の始めと終わりの言葉を丁寧にすることで「けじめ」をつけることです。このようにすると、途中で話し方がフレンドリーになっても、馴れ馴れしいとはあまり感じないものです。

「終わりよければすべてよし」とも言われますので、最後の挨拶までしっかりと気をつけましょう。

2 お客様との私的な時間のお付き合いも仕事の一部と考える

お客様と親しくなると、仕事を離れたお誘いをいただくこともあります。

しかし、仕事を通して始まった人間関係は、私的な時間でも仕事の一部と考えましょう。

私的な時間のお付き合いも、最初は上司に報告します。個人的なお誘いをいただいていることを上司が承知していれば、何かトラブルが起きた場合に対処しやすいからです。

協力会社に対しての場合

仕入先や下請け企業、外注先などの協力会社も、あなたの会社の大切なお客様です。

協力会社の支えで、あなたの会社の仕事が成り立ちます。

「敬い」の気持ちを持ち、大切なパートナーと考えましょう。

⚜気が合わない人への対処法

職場で気の合わない人ともをうまくやっていくには、三つのコツがあります。

❶相手のよいところを見つける

どんなに気の合わない人にも、よいところは必ず一つ以上あります。

それを探し続けることで、仕事に関係のない余計な感情によって、仕事がうまくいかなくなるという事態を避けることができます。

❷世の中には、そういう人もいるのだと悟る

どんなによいところを探しても見つけ出せない人、どうしても負の感情を抱いてしまう人の場合は、自分を責めるのではなく、すっぱりと「こんな人も世の中にはいるのだ」と割り切ってしまいましょう。

そうすることで、モヤモヤが晴れてスッキリします。

スッキリすると、不思議と相手のよいところが見えてくることもあります。

❸人間関係がこれ以上悪くならないようにする

どんなに気が合わない人にも、ビジネスパーソンの基本行動、「挨拶」はしっかりします。相手が返してくれなくても続けましょう。

自分のやるべきことはやる。関係を切ってしまわないことです。

大切なのは、この職場に集う目的が何かということを見失わないこと。一緒に力を出し合い、働く仲間として、ともにありましょう。

第4章

一歩進んだ気遣いで
お客様にもっと愛される
人になる

1

相手が何を求めているのか一足先に気づくコツ

お客様が何を望んでいらっしゃるのか想像力を働かせて察する

今のように携帯電話が普及していなかった頃の話です。
出張の多いお客様の会社にお電話しました。
「お留守だろうな」と思いつつも、速やかに連絡を取りたい用件があったのです。
そのとき、電話口に出てくださった方の応対は、ずいぶん事務的なものでした。

私　「（…前略…）○○様はいらっしゃいますでしょうか」
先様「少々お待ちください。（保留の後）すみません、出かけておりますが」
私　「さようでございますか。今日はお戻りですか」
先様「少々お待ちください。（保留の後）今日は戻りませんが」

私　「さようでございますか。明日はいらっしゃるのでしょうか」

先様「少々お待ちください。（保留の後）明日もいませんが」

笑い話のようですが、このままでは「明後日は」「明々後日は」と、このまま延々とやり取りが続きそうですね。

このときに「お客様はいつ、あるいは、どのようにしたら名指し人と連絡がとれるのかが知りたいのだろうなあ」とお客様の望むことを想像できたらよかったのです。

お客様が電話をくださるのは、名指人に用件があるからです。

したがって、最初に電話を保留にしたときに、名指人が次に出社する予定や一番早く連絡が取れる方法を確認して、改めて電話に出るようにすれば、あとはスムーズにやり取りができます。

お客様は何度も質問をしなくてすみますし、あなたも電話応対が早く終わり、中断した仕事に戻ることができます。

このように、「相手が何を望んでいるのか」と察するには、「想像力」が必要です。

⑨不在を告げる

「お待たせいたしました。申し訳ございません。あいにく△△は、外出中で○時頃戻る予定でございます」

※「申し訳ございません」と、お客様のご要望にお応えできないことを一番に伝えます。お客様の大切な時間を無駄にしてはいけないので、早く結論を伝えることが求められます。

「いかがいたしましょうか」
「戻りましたら、こちらからお電話いたしましょうか」
「よろしければご伝言を承りましょうか」

※「〜外出中ですが」で止まってしまう言い方は不親切です。「想像力」を働かせ、相手が望んでいるであろうことを提案しましょう。

⑩伝言を受ける

「かしこまりました。お願いいたします」

⑪メモを取り復唱する

「念のために、復唱いたします。（◎◎会社の◇◇様から△△あてに）〜ということでございますね」

※復唱確認が伝言内容だけでは不十分です。念のため、相手の会社名・個人名と名指し人の名前までを確認します。

⑫名乗る

「かしこまりました。わたくし、×× が承りました。必ず申し伝えます」

※名前を一度は名乗りましょう。最後に名乗ることで伝言を頼んだお客様が安心なさいます。

⑬挨拶する

「ありがとうございました。失礼いたします」

⑭切る

相手が受話器を置いてから、静かに受話器を置く。

※最後まで気を抜いてはいけません。丁寧な電話応対をしても、最後にガシャンと受話器を置いてはすべてが台無しです。

電話の受け方

①準備する

背筋を伸ばす。笑顔で、一呼吸置く。

②すぐに出る

ペンとメモを用意する。

③名乗る

「はい」
「おはようございます」
「お待たせいたしました」
↓
「○○会社（△△部）でございます」

※電話は、会社の「声の玄関」です。明るくはきはきと。普通の声よりワントーン高い声で明るさを演出しましょう。

④相手を確認する

「◎◎会社の◇◇様でいらっしゃいますね」

※「～ございますね」では普通の応対。「～いらっしゃいますね」のほうが敬語のランクは上です。

⑤相手を確認する（名乗らない場合）

「失礼ですが、どちら様でいらっしゃいますか」
「失礼ですが、お名前をお願いいたします」

⑥相手を確認する（聞き取れない場合）

「恐れ入りますが、もう一度お名前をおっしゃっていただけますか」

※「失礼ですがお声が遠いようです」と言うのは間違いです。「声が遠い」では相手のせいになってしまいます。「失礼ですがお電話が遠いようですので、もう一度おっしゃっていただけますか」と言いましょう。

⑦挨拶する

「いつもお世話になっております」

⑧名指し人を確認する

「(○○部の)△△でございますね。少々お待ちいただけますか」

※「少々お待ちください」は命令形。「～お待ちいただけますか」という依頼形にします。

そうすれば、名指し人から連絡させたほうがよいか、自分が要件を聞いて応対したほうがよいかなど方法も考えつくことでしょう。

「想像力」がたくましく働くようになると、お客様が望んでいらっしゃることが早くわかるようになるのです。

128・129ページに電話の受け方の手順をまとめてありますので、一度基本を確認してみてください。

不在時の電話応対は3ステップでお応えする

名指人が不在の場合の応対の仕方をまとめておきましょう。

①まず、名指人が不在であることをお詫びする

「申し訳ございません」

②不在の理由と帰社予定を伝える

「あいにく○○は外出しております。会社に戻りますのは、17時ごろの予定となっております」

③提案・代替案を伝える

「もしよろしければ、○○が戻りましたら△△様へお電話させていただきましょうか」


このように不在の場合は、3ステップで応対します。

「想像力」を働かせ、相手が望んでいることを伝えますが、さらに提案・代替案がお伝えできると望ましいです。

「あなたがお客様だったらどうしてほしいか」を考えること。

そうすれば、どのように答えたらいいか、わかるはずです。

2 電話を取り次いでもらう人にも丁寧に

乱暴な話し方は相手の社内で噂になる

取引先などに電話した際、電話口に最初に出る人が、必ずしもあなたが要件を伝えたいお客様とは限りません。

そこで、あなたの会社名と名前を伝え、取り次いでもらいます。このとき、ぶっきらぼうな口調になってしまう方がいます。

いくら言葉が丁寧でも、こうした態度は取次者に伝わり、当然よい印象ではありません。もしも、取次者からあなたが要件を伝えたいお客様に、「○○会社の△△さんは、電話のかけ方が乱暴で、とても感じが悪かったです」などと伝わったら、お客様はどのように思われるでしょうか。

「自分に対しては丁寧なのに、人によって応対を変える人なのか」と「二枚舌」「裏表のある人」だと誤解され、信用を失いかねません。

誰であろうと丁寧に接する。これが電話応対の基本です。

⚜短い前置きが印象をよくする

「短い前置きの言葉」を加えると、さらに印象がよくなります。

「お忙しい時間に恐れ入ります」

「お手数ですが、ご伝言をお願いできますでしょうか」

これらの言葉がなくても話はつながりますが、相手を気遣う言葉を付け加えることで、より感じがよくなります。こういった言葉を「クッション言葉」といい、うまく使えるようになると、印象のよい応対ができます。

社名を伝えた瞬間から私たちは「会社の代表」。一方、電話口に出られた方も、あなたの担当者ではないかもしれませんが、やはりその「会社の代表」。

お互いを尊重し合うことで、信頼のおけるやり取りができるようになるはずです。

感じのよい電話のかけ方の手順を、次ページにまとめましたのでご確認ください。

⑧名前を確認する

「失礼ですがどちら様でいらっしゃいますか」

「失礼ですがお名前をお願いいたします」

※相手の方が名乗られない場合は、お名前を聞いておきましょう。「失礼ですが、お名前を教えていただけますか」の一言で相手に責任感が芽生え、伝言が確実に伝わります。

⑨挨拶

「以上でございます。それでは、よろしくお願いいたします。失礼いたします」

⑩受話器を置く

静かに受話器を置く。

※かけたほうが先に受話器を置くのがビジネスマナーの原則ですので、受話器を置く音も相手が聞いていることを意識して行動しましょう。

電話のかけ方

①準備する

相手先（電話番号・所属・役職・名前）・目的・ことば・必要書類を確認する。ペンとメモ、必要書類を用意する。

※お客様の名前、部署などを確認し、用件を簡潔にまとめてお話しできるように事前準備をしてから電話をかけます。また、不在の場合の応対方法を自分なりに決めておくなど、いつも先を見て行動しましょう。

②相手を確認し名乗る・挨拶

「わたくし、○○会社の××でございます。いつもお世話になっております」

※初めて電話をする相手や、相手先がお忙しい時間帯にやむを得ず電話をする場合は、「お忙しい時間に恐れ入ります」といった短い前置きの言葉を入れると、より印象がよくなります。

③名指し人を呼んでもらう

「◇◇様をお願いいたします」

④名指し人を確認する（在籍が確認できた場合）

配慮の一言。「……の件で、ただ今お話ししてもよろしいでしょうか」と確認してから用件を話す。

※電話はかけ手の都合で始まりますから、相手の都合を確認する配慮が必要です。

⑤不在の情報を入手した場合（戻り時間を確認する）

「何時ごろお戻りでいらっしゃいますか」

⑥伝言を依頼する

「恐れ入りますが、ご伝言をお願いできますでしょうか」

⑦復唱を依頼する

「恐れ入りますが、念のためご確認をお願いいたします」

※伝言をお願いしても復唱なさらない場合は、こちらから復唱確認を促し、間違いがないように手を打っておきます。

3 相手に不安を感じさせない携帯電話の使い方

⚜便利な道具だからこそ配慮して

いまや私たちの日常生活に欠かせない便利な道具となった携帯電話。

ところが、その手軽さから、ビジネスで使用しているという意識が知らず知らずのうちに薄くなり、結果、マナー違反をしていることもあります。

ビジネスで携帯電話を使用する際の基本的なマナーを確認しておきましょう。

1「携帯電話から失礼いたします」と断りを入れる

外出中に、お客様から会社にお電話をいただき、携帯電話で折り返しお電話を差し上げることもあるでしょう。そのような場合は、電波の安定した静かな場所に移動し、そのうえで「外出先ですので、携帯電話から失礼いたします」と断りを入れましょう。

❷ 言葉遣いを丁寧にする

携帯電話はあらかじめ登録しておくと、誰から電話がかかってきたかがわかりますので、ついフランクな応対をしてしまったり、挨拶を飛ばしてしまうことがあります。ビジネスであることを忘れず、丁寧な応対を心がけましょう。

また、周りに上司や同僚がいないことも、緊張感が薄れる一因です。気づかないうちに言葉遣いが馴れ馴れしくなっていないか、気をつけながら話しましょう。

❸ 情報の漏えいに気をつける

外出先での携帯電話の会話は、誰が聞いているかわかりません。近くにライバル社、他の取引先がいないとも限りません。

大きな声でなくても相手に声は届きますから、声の大きさは抑え気味に話しましょう。

特に、お客様の固有名称や取引内容などを話すときは、機密を漏らすことにもなりかねませんので、用件を復唱する際など、十分な注意が必要です。

送話口を片手で覆うなどして、小さな声でも相手に届くようにし、情報が漏れないように十分配慮しましょう。

4 携帯電話を腕時計の代わりにしない

最近、携帯電話を時計代わりにして、腕時計をしない人が多くなったようです。ですがお客様との商談中に、時間を確認するために携帯電話を見たら、目の前のお客様はどのように思われるでしょうか。

印象は決してよくないため、まとまる商談もうまくいかないかもしれません。

腕時計は、ビジネスパーソンの必需品。

携帯電話で間に合わせず、腕時計を着用しましょう。

携帯電話はたしかに便利ですが、使い方を間違えると取り返しのつかない失敗につながることもあります。

マナーを知り「道具をスマートに使いこなせる人」でいましょう。

4 機密事項満載のスマートフォンには細心の注意を払う

スマートフォンは情報の宝庫

スマートフォンを所有する人がどんどん増えてきています。

それに伴い、スマートフォンをビジネスで活用する機会も多くなりました。

こうした新しいビジネスの道具の普及は、新たなルールやマナーを考えるきっかけにもなります。気をつけておきたいことについて考えてみましょう。

1 携帯電話ではなく、パソコンと考える

スマートフォンは小さなパソコンと考えて同じように管理することが大切です。そのためには、「セキュリティ対策」を万全にしましょう。携帯電話と同じように扱っていますので錯覚を起こしますが、十分注意が必要です。

❷公私混同が、情報の漏えいを引き起こす

スマートフォンから仕事の書類を見たり、機密事項などの確認をしたりもできます。また、プライベートで楽しむこともあります。仕事のときには細心の注意を払っていても、プライベート利用のアプリケーションをダウンロードし、それが迷惑ソフトということもあり得るのです。その場合、仕事の情報を漏えいすることにもなりかねません。

こうしたプライベート利用が、思いがけず仕事に支障をきたすことがありますので注意しましょう。

❸「○○しながら」のスマートフォンの操作は危険

駅のホームを歩きながら、街中で地図を見ながら、自動車に乗りながらなど、スマートフォンを操作する人がいます。これは、操作をする人が危険であることはもちろん、他人に迷惑がかかることもありますので、立ち止まって操作しましょう。

とても便利なスマートフォンですが、もう一度、そのマナーについて考えてみましょう。

5 クレーム・苦情の電話には慎重さが何より必要

クレームと苦情の違い

「クレームと苦情は同じ意味」と考えている人も多いようですが、この二つは似ているようで異なるものです。

まずは、クレームと苦情の意味を確認しましょう。

「クレーム（CLAIM）」を日本語に訳すと、「権利を主張する、要求する、損害賠償を請求する」です。「苦情」は英語では「COMPLAIN」と訳され、「苦情、不平・不満を言う」の意味です。

多くの人が「クレーム」を「苦情、不平・不満を言う」ととらえていますが、英語の意味では「正当な権利の主張」ということですから、「クレーム＝苦情」ではないのです。

「クレーム」はお客様が当たり前に受けることができたサービスや利益を受け取れなかった場合に、「当然の権利」として訴えてよいことなのです。

こちらの落ち度を認め、謝罪し応対する必要があります。


それに対して「苦情」は、お客様の「感覚的なもの」であることも少なくありません。

たとえば、あなたの会社・商品・サービスへの「事前の期待」が大きいほど、期待通りでなかったときにお客様はがっかりします。

もう少しこのようにしてほしかったと、お客様が残念な気持ちを抱くと「苦情」となりますから、その気持ちに応えていく必要があります。


あなたが受けた電話が、クレームか苦情なのかは、最初はよくわからないでしょう。

クレームでも感情的な場合はありますし、苦情でも冷静な口調で話されることもあります。

いずれにしても、しっかりお客様のお話を聞き、誠心誠意応対しましょう。

⚜クレーム・苦情の応対の仕方

クレーム・苦情の応対は、以下の手順で行います。

大切なことは誠意を持って、また、自分が相手の立場だったらどうしてほしいのかを考えて応対することです。

❶第一声でお詫びする

クレームも苦情も、お客様が不快に感じられたことは事実です。

この気持ちを受け止め、まずは「申し訳ございません」とお詫びしましょう。

「内容を聞かないと自社に非があるかどうかがわからないから、お詫びはできない」と考える人がいます。

たしかに、お話を聞くとお客様の勘違いの場合もあるので、最初からお詫びする必要はないと考えるのかもしれません。

しかし、これでは自社に非があった場合にお詫びが遅れ、お客様の不快度が増します。

内容に対するお詫びでなく、

「自社に関わることで、お客様を不快にさせたことへのお詫び」

と考えてみましょう。

「申し訳ございません」と言いにくければ、「ご迷惑（ご心配）をおかけしております」でもよいでしょう。

それは、「お客様が不快に感じられた」ことへの「共感」を示すことになり、それによって、お客様もきちんと聞いてくれる相手だと安心し、戦闘モードが少し落ち着くこともあります。あなたがお客様ならどんな気持ちか「想像力」を働かせ、心からのひと言を言いましょう。

❷お客様のお話を最後まで聞く

お客様のお話は最後まで聞きます。

まずは気持ちを静めていただくためにも、ただひたすらお話を聞くことが必要です。怒りの気持ちは吐き出さないと収まらないものなので、**話を聞きながらしっかりメモを取り「何が問題なのか」を把握し、対応策を考えます。**

お客様の気持ちを口調や声のトーン、言葉遣いなどで感じ取りましょう。

❸ 復唱や質問で話を整理する

お話はあいづちを打ちながら聞きます。

時々、「今のお話は、○○ということでよろしいですか」と復唱確認したり、「△△の点について、もう少し詳しくお教えいただけませんか」と質問したりしながら、話を整理します。こうすると話を聞く真剣な姿勢が伝わります。

❹ お客様のお話がひと通り終わったら改めて謝罪する

お客様のお話が一段落し、気持ちが収まったと感じたら、「お客様のお話はよくわかりました。このたびは本当に申し訳ございませんでした。改めてお詫び申し上げます」とお伝えします。この言葉によって、お客様は「話をわかってもらえた」と安心なさるのです。

❺ クレームか苦情なのかを判断し応対する

クレームはお客様の正当な主張で自社に非がありますから、関係部署と協議して、改めてご連絡するようにします。お名前とご連絡先を聞き、自分の名前も名乗ります。

苦情は、「今後このようなことがないように、担当者（担当部署）に私から伝え、改善策を検討いたします。私、〇〇と申します。協議した内容は、私から△△様（お客様）にご報告させていただきましょうか」とお伝えします。

連絡がほしいとおっしゃったら、あなたが責任を持って連絡し、特に必要ないとおっしゃれば、「私が責任を持って改善に当たります」と伝えます。

つまりクレームも苦情も、何かしらの不快感をお持ちになったお客様に対して、自社に非があろうとなかろうと、相手の立場に立って応対することが大切なのです。

また、クレーム・苦情にかかわらず、どのように応対したのか、関係部署から報告をもらうようにしておくと、確実に応対できたことが確認できます。

その確認までが、そのクレーム・苦情に関わった人の責任と考えておきましょう。

❻お電話いただいたことへの感謝を伝える

お客様が納得し電話を切られるとき、「お電話いただいたことへの感謝の気持ち」を伝えることを、クレームや苦情の電話を受けた人の目標と考えましょう。

クレーム・苦情の応対でしてはいけないこと

クレームや苦情が、応対者のマナー違反によって、収拾するどころか、問題が大きくなることがあります。次の点に気をつけましょう。

①長時間お待たせする

クレームも苦情も、お客様からいただいたその電話ですべて完了することはないと考えておきます。したがって、電話を保留にして解決に当たるのは得策ではありません。かけなおすようにしましょう。その際、どれくらいお待たせするのか、目安の時間を伝えます。

②話の腰を折る

お客様のお話を聞いて問題が整理され、対応策が浮かんでくると、ついその場で発言したくなるかもしれませんが、お客様の気持ちの収拾がまだできていない場合、不快な気持ちが増してしまうだけです。話の途中でお客様の言いたいことがわかっても、確認の意味で最後までお聞きします。

③言い訳する

話が整理され原因が見えてくると、「お客様のお話はもっともだが事情があった」と言い訳したくなることもあります。しかしこれは、問題解決には役に立ちませんから封印します。

④感情的になる

あってはならないことですが、こちらまで感情的にならないことです。「売り言葉に買い言葉」では何も解決しません。理由はどうあれ「お客様の不快感」に共感し続けましょう。

⑤事務的になりすぎる

冷静さが必要だからと口調が事務的すぎると、お客様は「バカにされている」と感じます。もしも自分がお客様の立場なら、と「想像力」を働かせ続け事務的にならないようにしましょう。

お客様のご意見・お気持ちに誠実に応対しましょう。

お礼を言わせていただけるのは、お客様があなたを信頼して任せてくださったからです。「○○様、お電話いただきありがとうございました。責任をもって対処させていただきますので、今後ともどうぞよろしくお願いいたします」や、「○○様、このたびは貴重なご意見ありがとうございました。今後このようなことがないよう早急に改善いたします。今後ともどうぞよろしくお願いいたします」とお伝えします。

7 上司に報告し、関係者で情報共有する

電話が終わったら上司に報告し、合わせて関係者で情報共有して、再発防止に努めます。

クレームや苦情でわざわざお電話くださるお客様はありがたい存在です。気分を害したならば、他社に乗り換えればいいだけの話だからです。「これからも利用し続けたいから改善してほしい」と考えていただいたその気持ちの表れがクレーム・苦情なのです。

お客様に愛され続ける会社であるために、こうしたお客様のご意見・お気持ちに誠実に応対していくことが大切です。

6 Eメールこそ十分な気遣いを

知っておきたい「Eメールの長所と短所」

Eメールは仕事になくてはならない存在となりました。
しかし、便利な道具にも長所・短所があります。
道具は使いこなして初めて役に立つものです。まずは、長所・短所を確認しましょう。
Eメールの長所として、以下のようなことが考えられます。

1. 相手の都合に関係なく、時間や場所を選ばずに送信することができる
2. たくさんの人に一斉送信できて効率的
3. データ自体を送受信することが可能なので、出力して郵送する手間が省ける
4. 印刷の必要性が少なくなるので環境にもやさしい

5. 記録として残せる

このような便利な側面によって、それまでコミュニケーションが取りづらかった人とのやり取りが容易になったのは素晴らしいことです。

「手紙は書かないけれどEメールは使う」人や、「年賀状を出さないけれどEメールでなら送る」人も増え、従来の連絡手段がEメールに変わってきています。

それでは逆にEメールの短所も考えておきましょう。次のようなものが挙げられます。

1. メールを送信しても開封して読んでもらえた確証はない
2. 込み入った要件は伝わりづらい
3. 電話や手紙より気軽に書ける分、感情的なやり取りになってしまう可能性が高い

以上のような長所・短所をよく知ったうえで、Eメールを使いこなす方法を確認していきましょう。

ワンランク上のEメール術

それでは、短所を補い長所が活きるEメール術を紹介していきます。

1 他の手段と併用して効率アップ・マナーアップする

やり取りをEメールだけですませようとすると、ミスやマナー違反が生じます。特に、お願いやお詫びごとは電話との併用、あるいは訪問することも必要です。

お願いごとは「まず電話で用件をお願いし、メールで詳細を伝える」、あるいは「メールで資料を送り、電話をする」ようにします。

また、お詫びの場合は、まず電話し、さらにメールで再度お詫びをするとともに、今後の対策を伝えるなどします。

あるいは、電話でも失礼だと判断すれば、すぐに訪問しなければならないこともあるでしょう。

ケースに応じて、ほかの手段と併用する心遣いが必要です。

❷感情的なメールの返信は、一度下書き保存する

受け取ったEメールを読みながら、ムッとしてしまうことがあります。

そしてその感情に任せると、こちらも強い口調のメールを返信してしまいがちです。

しかし、受け取ったメールを後日読み返してみると、「なぜそんなにムッときたのだろう」と、自分の返信が強い口調すぎたことを後悔することがあります。

では、このようなマイナスの感情を呼び起こすメールにうまく対処するにはどうしたらよいのでしょうか。それは、すぐに返信しないで一晩「寝かせる」ことです。

しかし、メールを読んだときの高ぶった気持ちをひきずっていては眠れないようなこともありますので、まずはその気持ちをぶつけるような返信メールを書きます。

そして、送信しないで次の日まで保存しておきます。これでその場の気持ちを静めることができます。

翌朝冷静になって受け取ったメールを読みなおしてみると、それほどムッとくるような内容でもなかったということは往々にしてありますから、保存しておいた返信メールを再度見直し、口調が強すぎると感じたら、修正して送信しましょう。

Eメールは、書き方によって誤解が生じたり、感情の機微が伝わりにくかったりします。プライベートのやり取りでは絵文字を使うこともできますが、ビジネスでは絵文字の使用はマナー違反です。言葉を選んで慎重に書きましょう。

❸印刷することがわかっている資料が大量にあるときは、印刷して郵送する

データの送受信はEメールが便利です。

しかし、相手が「印刷しなければならない」資料などは、データを送るとともに、プリントアウトして郵送しましょう。その際、メールには「印刷のお手間がないように、プリントして郵送いたしました」と書きそえます。

こうすることで、相手の手間やコストの負担もなくなりますし、「気が利く」印象が残ります。

⚜「Eメール」を使う前に確認しておきたいこと

今さらながらですが、今や誰もが使うEメールだからこそ、基本的なミスがあると信用に関わります。一度確認しておきましょう。

●件名は本文の内容がわかるような書き方にする（「こんにちは」などでは伝わりません）
●本文は、宛名はもちろん、発信者の名前も書く
●メール本文の1行の長さを半角65字以内にする
●HTML形式でメールを送らない
●機種依存文字を使わない
●絵文字を使用しない（ビジネスでは絵文字を使用するのはマナー違反です）

日常的に使うEメールだからこそ受け取る人を傷つけることがないよう、ルールを守ったメールを作成することを心がけましょう。

7 ちょっとの気遣いで大きく変わるビジネスFAX

手軽で便利な社外文書

Eメールでのやり取りが増えたとはいえ、FAXはまだビジネスを支える大切なツールです。送信先を間違えたりすると、それが情報漏えいにもつながりかねませんので、よく確認し、ミスのないようにしましょう。

以前、私の会社に覚えのない見積書がFAXされてきました。よく見ると宛先が間違っていましたので、大切なものだろうと、発信元に電話したところ、「あ、すみません、破棄してください」と言われ、ずいぶん簡単に考えている会社だなあと思ったものです。

昨今は個人情報保護についても細心の注意が求められる時代。

情報漏えいはもちろんのこと、うっかりミスで会社全体の信用を落とすことにならないように、気をつけましょう。ビジネスシーンで使用する際のマナーは次の通りです。

❶「送付状」をつける

ＦＡＸしたい文書だけでなく、１枚目は受信者・送信者の名前や日付、送信者の連絡先などを記載した「送付状」をつけます。あらかじめ「雛型」を作っておくとよいでしょう。

❷複数枚送信するときはページ番号をつける

相手がたくさんのＦＡＸを受け取ると原稿がまぎれてしまうこともあります。間違いのないようにページ番号をつけ、「送付状」に総送信枚数を記入しておきます。

❸送信の連絡をする

送信したら、届いた頃を見計らってその旨を連絡すると丁寧です。

❹文字が小さいときは拡大して送信する

ＦＡＸで送られてきたものは、文字が読みにくいものです。小さな文字は読みやすいように拡大して送るほうが親切です。

❺ 他者に見られてはいけない文書はＦＡＸしない

ＦＡＸは誰の目に触れるかわかりません。見られても差し支えないものだけにします。

❻ ＦＡＸを受け取ったら連絡する

ＦＡＸを受信したときは、その旨を連絡すると相手も安心します。

当たり前に使っているＦＡＸですが、基本的なことを確実に行い、ほんの少しの気遣いがあると、お互いに気持ちよく仕事ができるものです。

8 相手にとってわかりやすいビジネス文書を作成する

ビジネス文書は使い分けが重要

ビジネス文書は、おおまかに分けて社外文書と社内文書があります。ビジネスにおいてビジネス文書は欠かせないツールです。基本的なことはおさえておきましょう。

1 社外文書

社外の人、団体にあてて会社を代表して作成します。取引文書、儀礼文書があります。

①取引文書

見積書・発注書・注文書・通知書・詫び状などです。

②儀礼文書

社内の「雛型」を使用し、形式にのっとった文書を作成します。

ビジネス文書作成のポイント

株式会社○○
△△部　□□□□様

平成○○年○○月○○日
株式会社△△
□□部　○○○○

①最初に件名を書く

用件が一目でわかるように、件名を記入します。

新製品発売、説明会のお知らせ

拝啓

　時下ますますご清栄のこととお喜び申しあげます。平素は格別のお引き立てにあずかり、ありがたく厚くお礼申しあげます。

　さて、このたび弊社では、ご好評いただいております○○○○の後継機種となる新製品□□□□を発売致すこととなりました。

□□□□と、従来型製品との比較は、以下の通りです。

②要点は箇条書きにする

全体の構成が把握しやすいように、直前は一行分スペースをとります。

- △△率が20パーセント向上しました（右図参照）。
- 従来機種よりも、商品価格を10パーセント下げさせていただきました。
- □□を導入で、作業効率が大幅改善しました。

△△率比較

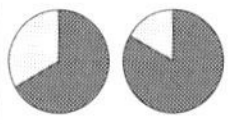

③データや具体的な数字を活用する

グラフなどのデータを使うことで、客観性が増し、説得力が上がります。

　つきましては、この商品の展示および説明会を、下記のとおり実施致しますのでご多用の折とは存じますが、ぜひご出席くださいますようお願い申しあげます。

　まずは書面にてご案内申し上げます。何卒宜しくお願い致します。

敬具

記

日時／平成○○年○○月○○日（○○）
午後○○時から午後○○時まで
会場／○○県○○市○○町1－3－5本社ショールーム

以上

④日時・場所などの特記事項は、主文から独立させる

大切なことは独立して書き、見やすくします。

⑤複数の人間でチェックする

自分だけでなく、他の人に読んでもらって確認しましょう。会社名や個人名を間違えることは、大変失礼です。くれぐれも気をつけてください。

⑥他社からいただいた文書からワザを盗む

いただいた文書で、作成のコツを学ぶこともできます。見やすくわかりやすいものは大いに参考にして、文書作成の腕を上げましょう。

挨拶状・お礼状・招待状・年賀状などです。

一般的な文章例を参考にして「雛型」を作成し、状況に応じて細部を書き換えます。

❷社内文書

社内の人あてに作成します。業務連絡が主な目的ですので、儀礼的な挨拶は省きます。

報告書・企画書・依頼書・議事録・稟議書などです。

社内文章作成の基本ルールは次の三つです。

1．1文書1案件

2．A4で横書きが基本。A4で1枚が理想

3．適切なフォーマットを利用する

社外文書、社内文書を問わず、読み手に伝わりやすいことが文書作成の最大の基本です。

特に社外文書は「会社の代表」として送付することを忘れないようにしましょう。

9 影響力が多大なソーシャルメディアとの付き合い方

ソーシャルメディアは世界中の人が見ている

ソーシャルメディアとは、インターネットを利用し、個人が情報を発信することで形成される様々な情報サービスのこと。ブログやツイッター、フェイスブックなどを利用している人も少なくないでしょう。

ソーシャルメディアの発達で、個人が情報発信することが容易になってきました。容易に世界中の人と交流できる楽しく魅力的な素晴らしいツールです。しかし、その一方で大きな問題が起きているのも事実です。

たとえば、社員が悪気なく発信したことが、所属する企業に迷惑をかけたり、個人情報を漏らしたり、法律を犯し裁判が起きてしまったりと、どれも使用上のルール、マナーを知らずにいたことが原因で起きています。

このようなことにならないよう、ソーシャルメディアもマナーを守り、活用しましょう。

著作権について

著作権とは、言語、音楽、絵画、建築、図形、映画、写真、コンピュータプログラムなどにおいて、自らの考え方や感情を表現した者に認められる、創作物の利用を支配できる権利です。

つまり、**誰かが創作したものを勝手に掲載してはいけないことを指し、掲載する場合は、本人に許可を得るなどして、出典も記載して掲載するのがルールです。**

ソーシャルメディアへの掲載も著作権の配慮が必要となります。出典を記載しないまま、「個人の発信だからいいだろう」とフェイスブックなどに掲載すると、著作権の侵害となりますので、気をつけましょう。

肖像権について

携帯電話やスマートフォンの普及で写真を撮ることも手軽になり、ソーシャルメディアへの掲載もごく当たり前の時代となりました。しかし、そのことでトラブルが起きるケースもあります。

肖像権は、他人に無断で写真を撮られたり、無断で公表・利用されたりしないように主張できる権利です。プライバシーに関わることでもあるので、写真を撮る前に許可を取り、ブログなどに掲載したいときは、その許可も取りましょう。初めから掲載目的の場合は、目的を伝えてから写真を撮るほうが、トラブルは少ないでしょう。

⚜許可なくお客様のことを書かないこと

ブログやフェイスブックに仕事に関することを書く際は注意が必要です。特に「守秘義務」に抵触することには、細心の注意を払いましょう。

また、お客様の悪口を書いてはいけないことは、言うまでもありません。**誰の目に触れてお客様に伝わるとも限りませんし、その記事が転載されないとも限りません。**

書くということは、それを読む人がいるということ。世界中の誰が読んでかまわないもの、不快にならないことを意識しましょう。

10 手紙で感謝の気持ちをきちんと伝える

自分の言葉で書くと思いが伝わる

「お礼の気持ちを伝える方法」は、近頃ではメールや電話が圧倒的に多くなりました。それだけに、「手書きの手紙」をいただくと、うれしいもの。

初めてお目にかかった人、お世話になった人、あるいはご無沙汰している人などには、はがきや封書での手書きのお礼状が送れるようにしましょう。

特に、初めてお目にかかり名刺交換したくらいでは、なかなか覚えていただけません。しかし、**手書きのお礼状が届けば、相手の印象に残りやすいものです。**

「字が下手だから」と躊躇する人もいるかもしれません。すべて手書きで書くことができれば素晴らしいですが、パソコンのフリーソフトなどを使って、「マイはがき」を作っておく方法もあります。手書きでひと言そえるだけにしておけば、心の負担も軽くなります。

お礼状の書き方例

手書きでひと言そえる

◎◎◎様

昨夜はとても楽しい時間を
ありがとうございました。

お会いでき、ご縁をいただきましたことを
深く感謝しております。
今後ともよろしくお願いいたします。

○○会社　△△△△

また、**お礼状は、儀礼的な言葉より「あなたの言葉」を使うようにしましょう。**

そのほうが気持ちは伝わりやすいものです。

もちろん、相手が目上の方の場合、あまりくだけた言葉遣いではマナー違反ですが、最初から最後まで儀礼的ではなく、あなたらしい言葉も入れて、気持ちを伝えましょう。

自分の言葉で書き始めれば、その後に続く文章は定型の言葉となっても、印象としては、気持ちのこもったお礼状となります。

切手や封筒、便箋も、記念切手などの季節にあった気の利いたものを準備しておけば、より気持ちが伝わります。

便箋や封筒、はがきなど、普段から気に留めて集めておくようにしましょう。

仕事がスムーズに進むには人間関係が大切です。

あなたの人柄が伝わるお礼状をお送りし、心の距離を縮める工夫をしてみてください。

一通の手紙やはがきがその役割を果たしてくれることは、実践してみるとわかります。

第5章

一流のおもてなしと訪問がご縁を強くする

1 会社の代表としてお客様をご案内する

受付になる可能性は誰にでもある

会社の第一印象は、玄関、そして受付担当者だけでなく、会社（事務所）で働いている**すべての人で決まります。**あなたを訪ねてきたお客様でなくとも、感じよく応対できるようにしましょう。

具体的には、お客様が受付で名乗られたとき、「お待ちいたしておりました」とスマートにお迎えできるようにしておくことが、足を運んでくださる方への敬意であり、気遣いです。

会社によって仕組みは違うと思いますが、来客予定は必ず受付担当者に伝えておきましょう。また、ご案内する場所も決めて、応接室の手配をしておけば、お客様をお待たせせず、ご案内できます。

お客様に気持ちよく面談に入っていただくことで、お互いにとってよい時間となります。

お招きする側として、事前準備をきちんとしておくことが必要です。

お客様を「迷わせない」ことが基本

お客様応対の原則は、お客様を「迷わせない」ことです。そのためには、はっきりお声がけしたり、方向を指し示したりします。

たとえば、廊下のご案内では手で方向を指します。

このとき、方向だけでなく、腕を上げる高さを工夫すると、お客様はどれくらいの距離を案内されるのかイメージできます。

高ければ「少し距離がある」、低い場合、「それほど遠くない」ことを表します。

お客様は、予測ができると迷いませんし、安心なさいますから使い分けてみましょう。

階段を上がる場合は、何階までいくのか伝えます。「お先に失礼いたします」と言って、前に立ってご案内するのが原則です。

⑥お約束が確認できない場合

「恐れ入りますが、どのようなご用件でいらっしゃいますか」

「ただ今確認いたしますので、少々お待ちください」

名指し人に指示を仰ぐ。

※「失礼ですが、お約束ですか?」と確認する人がいますが、この聞き方ではお客様を不快にする恐れがありますので、やめましょう。

⑦ご案内する

「それでは、応接室へご案内いたします。どうぞ、こちらでございます」

方向を指し示し、会釈する。

⑧上座を勧める

「ただ今、△△が参ります。こちらへお掛けになって、少々お待ちいただけますか」(上座を勧める)

「失礼いたします」(会釈)

⑨名指し人へ取り次ぐ

「失礼いたします」(会釈)

「◎◎会社の◇◇様を応接室へご案内いたしました。よろしくお願いいたします」

「失礼いたします」(会釈)

来客への応対

①準備する

受付者や関係者に来客情報を伝達する。清掃、整頓、温度、換気、灰皿、お花などを点検する。茶菓子も準備する。

※来客の予定は、受付や受付の役割をする人に事前に伝達することが大切です。お客様をお待たせすることなくご案内できることに加え、社内のコミュニケーションのよさが伝わり、お客様からの信頼も得られます。

②挨拶をする

「いらっしゃいませ」（敬礼）

〈受付がある場合〉

お客様がいらっしゃったら、すぐに立ち上がります。目の前にいらっしゃってから受付が始まるのではなく、お客様を確認したときから、「こちらへどうぞ」の気持ちをもって、少し会釈してお招きするのがよい応対です。

〈受付がない場合〉

気がついた人が、すぐに立ち上がってお客様のもとに向かいます。この場合、通常の業務をしながらの応対でしょうから、特に入り口に近い席の方は、気を配りましょう。

③相手を確認する

「◎◎会社の◇◇様でいらっしゃいますね」

④挨拶をする

「お待ちいたしておりました」

「いつもお世話になっております」（敬礼）

⑤名指し人を確認する

「（○○部の）△△でございますね」

「失礼いたします」をうまく使う

エレベーターでのご案内も迷いがちな場面です。

お客様より先に乗っては失礼だからと、扉を押さえて案内する人がいますが、手が挟まったら大変だなと、お客様に心配をかけてしまうことになりますからやめましょう。

「失礼いたします」とひと言断わり、先にエレベーターに乗り込んで、「開く」のボタンを押して「どうぞ」とご案内すれば、スムーズです。

「失礼いたします」は、「これからお客様よりも先にエレベーターに乗る失礼な行為をしますが、やむを得ずしますのでお許しください」と伝えることと同じです。「失礼いたします」は上手に使うと大変便利な言葉です。

お通しする部屋の前に着いたら、ノックをして扉を開け、中へご案内します。

「空室」の札があっても、念のためノックはしましょう。「空室」のまま札交換をし忘れて、面談が行われている可能性もなきにしもあらずです。

お互いのお客様を驚かさないためにも、ノックは忘れずにしてください。もし、中にいらっしゃった場合は「失礼いたしました」とお詫びし、扉を閉めてから、お客様をご案内する場所を再度確認しましょう。

2

お客様にとって心地のよい席にご案内する

席はお客様への敬意の表れ

応接には、上座・下座のルールがあります。お客様は上座へご案内します。上座は、原則として入口から遠い席です（175ページの図を参照）。

ただし、おもてなしの観点から言うと、お客様にとって「心地よい席が上座」とも考えられますので、次のような席も上座となります。

1. 窓から素晴らしい景色が見える席
2. 高級調度品などが見える席

臨機応変にご案内できるよう、応接室、会議室のレイアウトは覚えておくとよいでしょう。

ちなみに、ビジネスマナー研修の際、「初めて訪問した会社で、座席まで案内されなければ『下座にへりくだって待つ』のがマナーです」と私はお伝えしています。

おそらく、このように考える人も少なくないでしょうから、あなたがお客様を上座まで案内しないと、下座付近で立って待たせてしまうことになるかもしれません。

座席までご案内し、お座りになったことを見届けるまでが案内者の仕事です。

「こちらにお掛けになって、少々お待ちいただけますか」とお声掛けをして、お座りになったことを見届けてから退室しましょう。

「ご案内」は組織全体のマナー力が問われます。周囲にも働きかけ、チームワークで応対しましょう。

席次の基本マナー

①が上座で、以下、優先順位になっています。

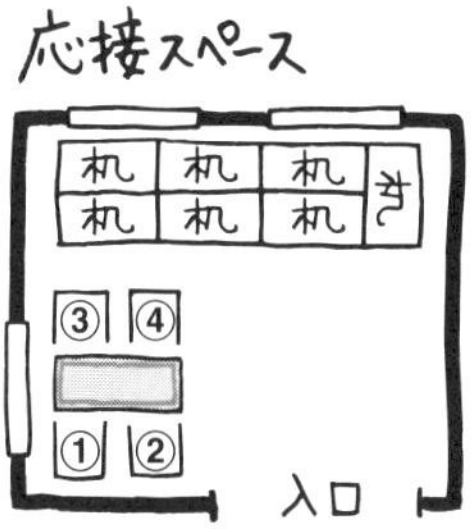

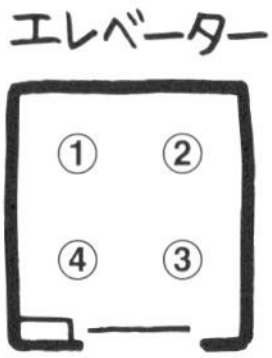

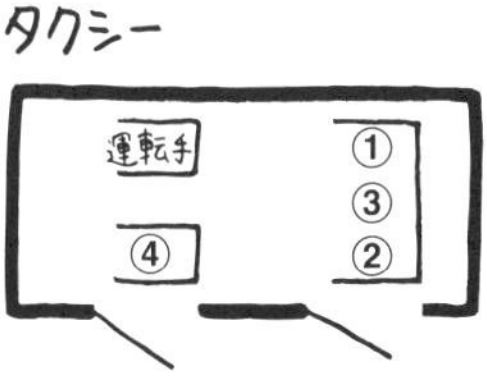

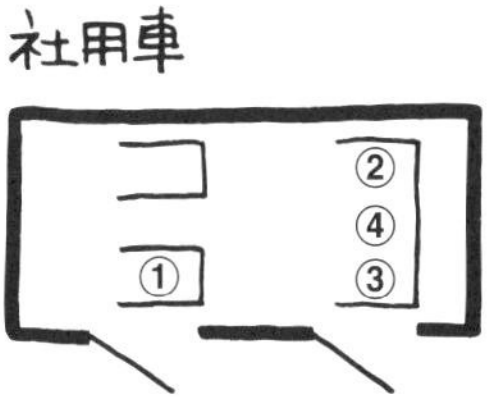

運転手と①が近い関係の場合。
そうでない場合はタクシーに準じる。

3 お越しいただいたことへの感謝を込めてお茶を入れる

「おもてなしの心」を、お茶を通して伝える

お客様へお出しするお茶（飲み物）は、わざわざお越しいただいたことへの感謝を表すだけでなく、面談をお互いに有意義な時間にするための役目もあります。

戦国の茶人・千利休は「一期一会」の言葉を好んで使ったそうです。

「茶席に臨むものは、めぐりあう機会が一生に一度であると覚悟し、主人も客も誠を尽くすべきである」と。

戦国の茶人が示したこの「お茶」への姿勢は、今私たちが大切にする「お客様をもてなす心」に通じています。実際、彼の庵には、たくさんの人が集まっていました。

会社によってお茶の出し方など、ルールが決められているとは思いますが、「おもてなしの気持ち」を持って、お茶の場面を大切にしましょう。

お茶の出し方

①手を洗い、身だしなみを整え、湯呑みなどの準備をする

このとき、湯呑み・茶たくの汚れや欠けも確認しましょう。

②お茶を入れる

急須・湯呑みをあらかじめ温め、湯呑みの
7〜8 割の量を同じ濃さで、人数分いれます。

③お盆にのせる

茶たくと湯呑みの糸底をふきんで拭きましょう。

④お盆を運ぶ

お盆は左腕にのせ、右手をそえて運びます。

⑤入室する

入室前にノックし、「失礼いたします」と声をかけて入室しましょう。

⑥セットする

サイドテーブルにお盆を置き、茶たくと湯呑みをセットにします。

⑦お出しする

一客ずつ上座のお客様から。お出しする際は「失礼いたします」と
声をかけて出します。

⑧退室する

お盆を左脇に抱え、右手をお盆にそえて「失礼いたします」と一礼
して退室します。

4

お見送りは「相手が見えなくなるまで」

見送られる側の気持ちになって見送る

「出迎え三分、見送り七分」と言います。

それだけお見送りが大切だということです。

エレベーターホールでのお見送りは、ドアが閉まるまで頭を下げ続けます。玄関で見送るときは、徒歩の場合、お客様が立ち去ってから10秒を目安に頭を下げて見送ります。

車の場合は、車が見えなくなるまで見送りましょう。

「何もそこまで」と思われるかもしれませんが、姿が見えなくなるその瞬間まで、挨拶をし続ける方もいらっしゃいます。

私がタクシーで帰るのを見送っていただく場合は、「これで見送ってくださる方の姿が見えなくなる」ところでもう一度振り返り、見送ってくださっている方に車内から頭を下げます。すでにどなたもいらっしゃらないこともありますが、中には私の姿が見えなくなるまで見送ってくださる方もいらっしゃいます。そのようなときは、最後の最後まで振り返ってご挨拶ができてよいものです。

以前、ある会社の社長とタクシーに同乗したとき、やはりその社長も最後まで、見送ってくださる方に向かって頭を下げていらっしゃいました。

お客様は、会社の名前や商品・サービスに対して信頼を寄せると同時に、そこで働く「人」にも同じくらい信頼を寄せています。

振り返ったときに、「信頼する人が背中を向けて帰っていくところだった」では寂しいものです。

見送られるお客様の気持ちになってお見送りしましょう。

5 訪問は事前のお約束から

訪問のお約束をするときの基本

お客様の会社への訪問は、お客様の貴重な時間をいただくので、十分準備をして、お互い有意義な時間となるように心がけましょう。

まずは、お約束をするところからです。お約束をする際は、次の三つのポイントに気をつけましょう。

1 都合を聞くのは1週間前までに

あらかじめ電話かメールで、お客様のご都合を確認します。

一般的には1週間～10日前が目安です。

❷ 用件と所要時間を伝える

「〇〇の件で〇時間ほどお時間をいただけませんでしょうか」とはっきり伝えます。

同行者の有無などを告げておくと、ご迷惑をおかけすることもありません。

❸ お客様の予定を優先する

日時はお客様のご都合を優先して決めます。また、あなたから「勝手ながら〇日、〇日のご予定はいかがでしょうか」と先にお願いすると、何度もやり取りする手間がはぶけます。

年末年始や転勤の挨拶、「近くまで来たのでちょっと挨拶」の場合は、お約束をしないで訪問し、いらっしゃらない場合は名刺をお預けしておきます。

⚜ メールだけのお約束には注意

メールを活用してお約束をすることも多くなりました。

しかし、初めての訪問や目上の方にお時間をいただくときなど、メールだけでは失礼な場合があります。

⑦挨拶をする

名指し人がいらっしゃったら、すぐに立ち上がって歩み寄り、挨拶をする。初めてお会いする方とは、このとき名刺交換。

「初めてお目にかかります。(△△社の△△様からご紹介いただきました)□□会社の××と申します。よろしくお願いいたします」(敬礼)

※名刺入れを机の上に出し、すぐに名刺が出せるように準備しておきます。

⑧着席する

勧められたら、着席。

「失礼いたします」

⑨用件を述べる

最初に貴重な時間をいただいたことへのお礼や日頃の愛顧のお礼を述べる。導入として必要ならば、雑談も少々交わす。本題は落ち着いてから。

⑩挨拶をする

「そろそろ、失礼いたします」

「本日はお忙しいところ、ありがとうございました」

「今後ともよろしくお願いいたします」(最敬礼)

⑪辞去する

受付やカウンター近くの社員にも挨拶し、ロビーや外に出てから、コートを着る。

※面談が終わるとほっとしますが、帰るときも受付の方にきちんと挨拶をしてから失礼するようにしましょう。会社を出て、受付から姿が見えなくなるところまで気を抜かないように気をつけましょう。

訪問の流れ

①訪問の約束をする

相手の都合を優先して、日時、目的、訪問者数、所要時間を告げる。

「○月○日○曜日に、□□の件で△△分ほど、お時間をいただきたいのですが、ご都合はいかがですか」

②準備をする

持ち物（資料・お土産など）、予備知識、交通手段の確認をする。早い時期に約束をした場合は、前日、相手に電話し、都合を再度確認することもある。

③身だしなみチェックをする

約束時間の 15 分前には着くようにする。

※コートはビルに入る前に脱ぎ、濡れたかばんなども拭いておきます。身だしなみチェックと名刺の準備、面会者の部署や名前の最終確認を行い、心の準備をしてから 5 分前に受付へ向かいます。携帯電話がマナーモードになっているかも確認しましょう。

④受付・取り次ぎをお願いする

会社名・氏名・用件を名乗り、取り次いでもらう。
「失礼いたします」（敬礼）
「わたくし、□□会社の ×× と申します。△時に○○様とお約束をいたしております。お取り次ぎ願えますか」

⑤案内していただく

「よろしくお願いいたします」（敬礼）
案内者の 2、3 歩後ろを歩く。

⑥名指し人を待つ

「ありがとうございました」（敬礼）
勧められた席で静かに待つ。

※初めての訪問で上座まで勧められない場合は、下座で待つ謙虚さが大切。名刺、資料などを準備し、かばんやコートは足元に置きます。置くところがないからと机の上に置くのはマナー違反です。

その際は、メールでいったんご都合をうかがい、末尾に一文「後日お電話させていただきます」とそえます。

「メールで事前にお願いいたしましたが、○月○日のご都合をうかがいたくご連絡させていただきました」

と電話する丁寧さが必要です。

もちろん、お願いした約束はあなたの都合で変更することがないようにしましょう。

6 万全な事前準備が有意義な時間をつくる

お互いがよい時間を過ごすために

訪問の約束ができたら、よい面談になるように事前準備を行います。

持ち物や身だしなみひとつであなたへの印象は大きく変わります。準備をしっかりと行い、有意義な時間になるようにしましょう。

1 訪問に必要な資料を整える

訪問に必要な資料やその他の必需品（名刺、筆記用具、電卓など）を準備します。初めての訪問時は、所在地、交通手段、所要時間、会社概要などをよく調べておきます。

持ち物にも気をつけます。お客様のライバル社の製品を持っていては、お客様もあまり気分のよいものではありません。

❷ 心の余裕や身だしなみチェックのためにも15分前には到着する

相手先へは約束の15分前に到着するようにします。洗面所で身だしなみを整え、最後に笑顔チェックをして、5分前に受付にうかがうようにします。洗面所でお客様にばったり会うことのないように、別フロアを利用するとよいでしょう。

私は、初めての場所に講演や研修で行くとき、30分から1時間前に会場近くに到着するようにしています。

会場が確認できたら近くのティールームでお茶をいただき、最後のチェックをします。遅刻はできませんから、余裕をもって臨むことを習慣にしています。

準備を十分にすることで、気後れすることなく面談に臨めるのです。お互いにとってよい時間を過ごせるような準備をして訪問しましょう。

7 訪問先の雰囲気に目を配る

相手先をより深く知るチャンスにする

メールや電話は便利ですが、お目にかかってお話しするのが一番です。
心の距離も縮まり、「足を運んでくれた」誠意も伝わります。
また、訪問することで、お客様の会社の変化など生きた情報も体感できます。

たとえば、
「会社のスローガンなどの掲示物が変わった」
「制服のデザインが刷新された」など、
普段の会話には出てこないことにも気づけ、より相手先を知ることができます。

「よい変化」「変わらぬよさ」などのプラス面をたくさん見つけましょう。

それを、当日の会話にどんどん取り入れ、ぐっとお客様との距離を縮めてください。

また、訪問先のよくない情報をつかむことも大切な仕事です。

こうしたマイナスの情報を早めにつかんでおくことで、自社が痛手をこうむることを未然に防ぐこともできます。お客様との会話では触れずに、会社に戻ってから報告し、必要に応じて情報共有をしましょう。

このように、訪問は相手先の情報が得られるチャンスととらえ、積極的に情報収集を行いましょう。

181・182ページに、訪問の流れを記載しました。ご参照ください。

第6章

また会いたくなる
ワンランク上の
会食作法

1 会食の成功は事前準備で決まる

目的を果たすことが第一

仕事の一環として、取引先などと会食することもあるでしょう。
お客様との会食は、飲食を楽しむ場でもありますが、第一の目的はビジネスです。
お客様を会食でもてなす目的は、たいてい次の通りです。

① 商談や契約を成立させるためのお願い
② 日頃のよしみへの感謝
③ ご迷惑をおかけしたことへのお詫び

目的によって、振る舞い方も変わってきます。必ず、自社の目的、立場を確認してから、事前準備し、列席しましょう。

なお当日は、いずれの目的であったとしても、お客様とのコミュニケーションが第一。

そのことを忘れず、楽しく場を盛り上げましょう。

おもてなしをする側の場合、次のような段取りで準備をします。

1 お店を選ぶ

お店選びは重要です。お客様の好きなものや召し上がれないものを、普段の会話から情報収集し、それを踏まえて、お店を選びます。

もし、情報が何もないときは、あまり凝ったものなどは避け、お客様の顔を思い浮かべながら、喜んでいただけそうなお店を選びます。

2 下見をしておく

初めてのお店を使う場合は、必ず下見をしましょう。

インターネットでもお店の様子を見ることはできますが、「音」は聞けません。騒がしすぎたり客層が違いすぎたりするお店は、ビジネスの会食にふさわしくありません。

あなたの目で確認しましょう。

部下に準備を任せてもよいですが、お店選びが初めての部下の場合は、一緒に下見をして最終判断はあなたが下しましょう。また、せっかくの機会なので、会食にふさわしいお店選びのポイントを教えておくと、次回以降、任せることができます。

日頃から、会食にふさわしいお店をリストアップしておくことも、いざというとき助かるのでお勧めです。

❸お店にも会食の情報を伝えておく

予約の際は「お客様との会食」であることを伝えます。

ゲスト側とホスト側の人数は必ず伝えておきましょう。当日、上座・下座のセッティングの人数が逆で恥をかいたという話は、珍しくありません。

お店の責任者に直接要望を伝えることで、せっかくの会食に水を差すようなミスを事前に防ぐことができます。

❹お土産と送迎の手配をする

お客様へのお土産や送迎は事前に手配しておきます。お土産は、お客様の好みや家族構成などを考え、仰々しくないものがよいでしょう。

お客様が負担に感じるようなお土産はかえって迷惑になりますので、来てくださった感謝を伝えるくらいの気持ちで選びましょう。

お客様にご予定があるなど、お帰りの時間が決まっている場合は、会食が始まる前に帰りの車の予約をしておきましょう。

5 先方には確認のお電話を

ときには、お客様が記憶違いをしてしまうこともあります。

会食の前日には、念のため、お客様にご確認の連絡を差し上げましょう。

「明日お目にかかれますことを、楽しみにしております」と伝えるとスマートです。

会食は事前準備で8割決まります。

チェックリストなどを作りながら、漏れのないように準備し、当日はスムーズに、そして和やかに会食を進められるようにしましょう。

2 お客様に喜んでいただける場にする

⚜会食当日は精一杯おもてなしする

会食当日の準備が整ったら、後はお客様に喜んでいただけるよう、精いっぱいのおもてなしをしましょう。

❶席次のルールを確認する

料理のジャンルによって、席次のルールが違います（201ページ以降参照）。

❷ホスト役が乾杯の音頭をとる

乾杯の音頭は、もてなす側が挨拶とともに行います。長い挨拶は無粋です。気の利いたひと言で乾杯に入れるよう、スピーチを日頃から準備しておきましょう。

3 料理とお酒と会話を楽しむ

席上では、料理やお酒とともに会話を楽しみましょう。商談とはまた違った雰囲気の中でコミュニケーションをとりながら信頼関係を築くことが、本来の目的を達する近道です。

4 お酌は相手の好みに合わせる

お酒の種類でお酌の仕方が変わります。また、お酒に関しては、こだわりのある方も多いもの。特にビールは、テーブルに置かれたままグラスに注がれることや継ぎ足しを嫌う人もいます。お客様の様子を見ながら、相手に合わせていきましょう。

5 お手洗いに立つようにして支払いをすませる

「終わりよければすべてよし」と言うように、お開きの仕方も重要です。頃合を見計らって、お手洗いに立つように中座し、支払いをすませます。また、あらかじめ支払う係を決めておくのがよいでしょう。

会食が楽しい時間になることで、お互いの距離は縮まり、ビジネスもうまくいくでしょう。

3 おもてなしを受けるのは「会社である」と心得る

お酒ではなく「心を受ける場」

ときには、取引先からおもてなしを受けることもあるでしょう。その際は、招待してくださった人の気持ちを汲み、その時間を楽しみつつ、礼儀正しく振る舞いましょう。

1 お誘いを受けるかどうか決める

まず、もてなしを受けるかどうかを決めます。先述のように会食には目的がありますから、相手の目的に応じられる（可能性がある）かどうかがもてなしを受ける判断基準です。

上司がいるときは、相談して判断を仰ぎます。

やむを得ず辞退する場合は、それが会社の方針であることを丁寧かつ率直に伝えるとよいでしょう。辞退しなければならないのに、「今回は都合が悪い」などとあいまいに返事をしていると、日程を再提示されたり、都合のよいときを再度確認されたりと、余計な気を使わせてしまいます。

こうした場合は、むしろ、率直に伝えたほうがよいのです。お伝えする理由は、上司に確認しましょう。

2 当日は感謝の気持ちをもって臨む

当日は、時刻どおりに到着し、マナーをわきまえた振る舞いをしながら、楽しみましょう。

会食は会社の代表として受けるものですので、偉そうな態度をとるのは大間違いです。もてなす側もされる側も、お互いが気持ちよく仕事をすることが、お互いの仕事の成功と考え、「いつもありがとうございます」と感謝の心をもって臨みましょう。

会食の場はお酒の席ですが、お酒を注ぐのではなく「心をつぐ」「心を受ける」ことと考え、振る舞いましょう。

4 西洋料理では余裕をもって振る舞う

一人の人として接する

会食に「会社の代表」として出席する場合、あなたの食事のマナーが会社の評価となります。会食は、楽しみつつも気が抜けない場所でもある、ということです。

また、食事のマナーは、料理の種類によって違いますので、会食の料理が決まったら、マナーを確認して臨みましょう。

ここでは、西洋料理のテーブルマナーについてご紹介します。

1 座席の順位

洋食は、男女交互に座るのが原則です。

壁や暖炉のあるほうが上座、入口に近いほうが下座となります（２０１ページ図参照）。

2 座席までの動き

ウェイターがいるときはウェイターのエスコートに従いましょう。

座るときは椅子の左側に立ち、ウェイターが椅子を引いたら前に進み、押すタイミングで腰を下ろします。こぶし1個分、椅子の背もたれと体の間をあけて腰掛け、背筋を伸ばして座りましょう。立つときは、ウェイターが椅子を引くタイミングで立ち、左側へ出ます。

3 ナプキンの使い方

ナプキンは、食事中に手を拭いたり、口のまわりの汚れを落としたりするものです。乾杯後、主賓がナプキンを取り上げたら、折り目を手前にしてヒザの上に置きます。手や口を拭くときは端のほうを使います。中座するときはたたんで椅子の上に置き、退席するときはテーブルの上に置きましょう。

4 ナイフ・フォークの使い方

ナイフとフォークは外側から順に使います。食事中はナイフとフォークを皿の上に「ハ」の字に置きます。食べ終わりは、フォークを上向きにしてナイフの手前側に置きます。

ナイフをお皿に置くときは、刃は手前に向けておきます。

フォークやナイフを落とした場合は自分で拾わず、ウェイターを呼んで頼みます。

5 パンの食べ方

パンは左側に置いてあるものが、あなたに給仕されたものです。スープが終わった頃からデザートコースの前までに食べましょう。

ただし、お料理とお料理の間に、パンだけをいただくのはマナー違反です。その時間は手を休めて、会話を楽しみましょう。

6 卓上調味料の使い方

一口食べてから、自分の口に合うよう調味料を入れます。味を見ずに、いきなり調味料を入れるのはマナー違反。調理をしてくれた人に失礼です。

もし作法などを間違ったとしても、ウェイターが何事もなかったようにフォローしてくれますから、心配しすぎることなく、食事を楽しみましょう。

西洋料理の席次

イギリス風

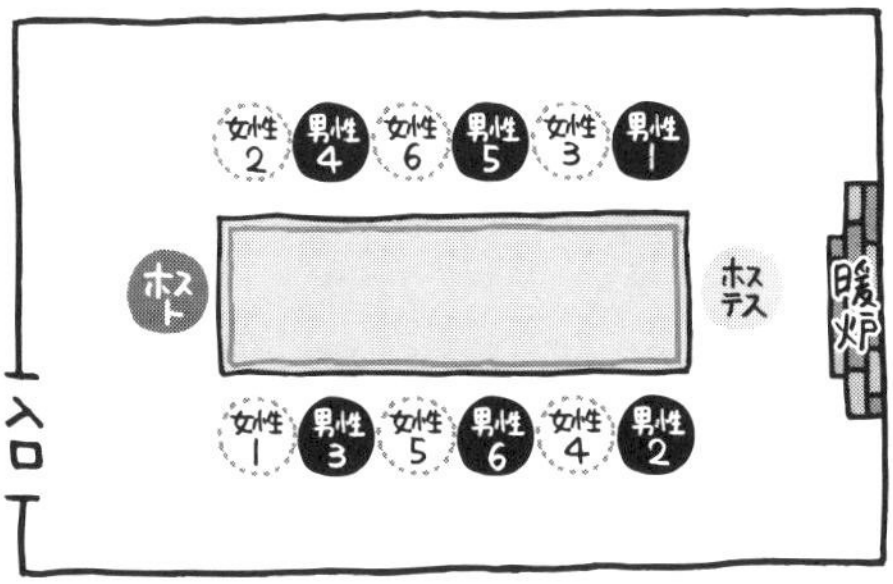

フランス風

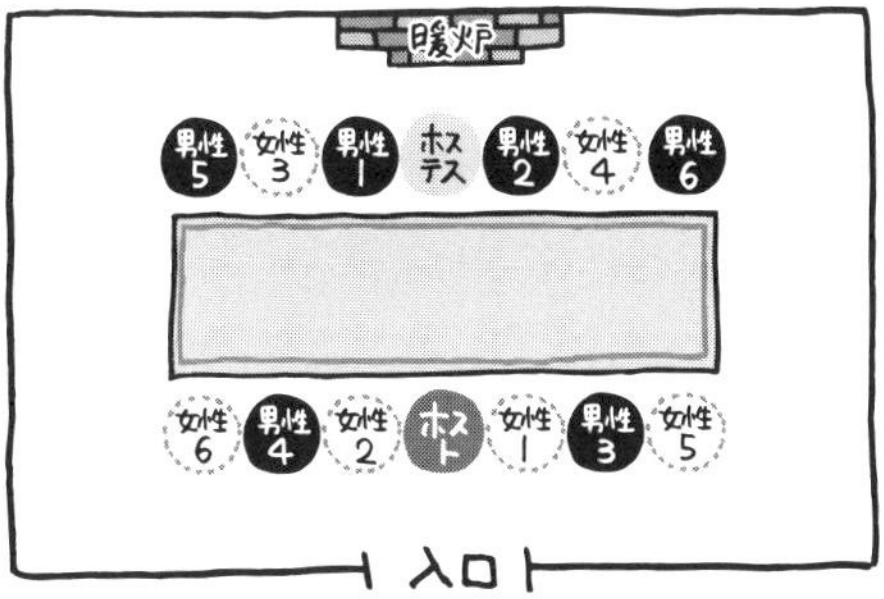

※フランス風の場合は、ホスト・ホステスはテーブルの中央に座ります。
ホステスが暖炉の前に来ているのは、レディファーストの考えによるものです。

5 和食は空間も一緒に楽しむ

⚜和食は「箸に始まり箸に終わる」

日本人は、年齢を重ねるほど好みが和食に回帰すると言います。ですから立場や年齢が上の人との会食は和食が増えるでしょう。また外国からのお客様が和食を希望することも少なくありません。

それでは、和食のマナーを確認していきましょう。

❶座席の順位

床の間を背にして中央に主賓が、招待主は入口に近い末席に座ります（205ページ図参照）。

2 箸の使い方

箸《はし》は、箸袋ごと取り上げて袋から出し、箸置きに置いてから袋は左側に置きます。

箸の中央を右手で上から取り、箸の下に左手をそえて箸を支え、右手を下に回して持ち替えます（右利きの場合）。

箸の使い方は普段から意外と他人に見られています。

「握り箸」「寄せ箸」「刺し箸」「迷い箸」などはマナー違反ですから、気づかずにクセになっていないか、確認しておきましょう。

3 椀の扱い方

椀に左手をそえ、椀のフタ、フタの糸底を右手の親指と人差し指でつまみ上げて裏返します。ふたが取れたらその端を左手で持ち、右手に持ち替えて右側に置きます。

椀は両手で持ち上げ、左手の人差し指から薬指の上に載せ、親指は椀のふちを持ちます。

椀を置くときは箸を先に置き、その後に椀を置きます。

❹おかわりをするとき

おかわりをするときは箸を置き、茶碗に右手をそえて両手で差し出しお願いします。そのとき、ご飯を一口分残したままにします。ご飯を一口分残すのは、「つなぎ」の意味があり、「まだ食事は終わっていない」という意味が込められています。

また、茶碗の底に一口分のご飯を残している状態が「おかわりをお願いしたい」合図となり、わざわざ話しかける手間もなくなるのです。

茶碗は両手で受け取り、いったん膳の上に置いてから、改めていただきましょう。

❺食べ終わったら

最後に香の物をいただき、お茶を飲みます。

食事を終えたら、フタを取ったものは元の位置に戻し、箸は箸置きに置きます。

和食は、その盛り付けの美しさもひとしおです。

会食の席では、料理の味、盛り付け、部屋の雰囲気を味わいながら、心ゆくまで相手との会話を楽しみましょう。

日本料理の席次

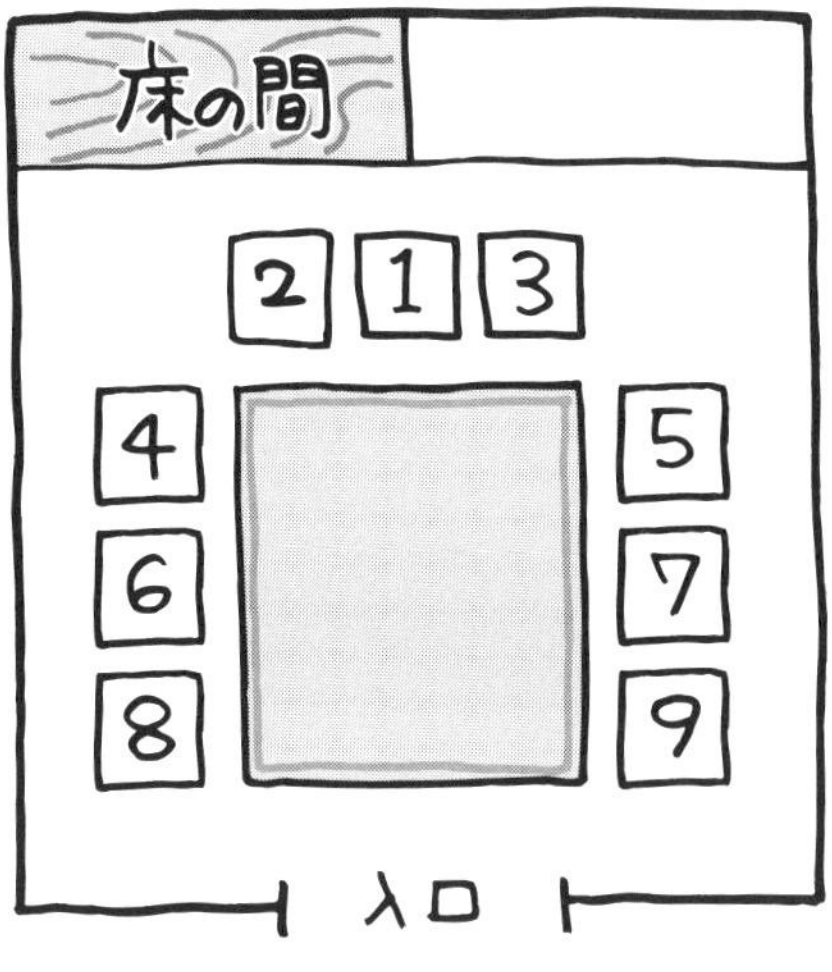

6

中華料理は食卓を楽しく囲んで親しさを表す

コミュニケーションとしての場を楽しむ

円卓を囲む中華料理では、お互いの顔もよく見え、コミュニケーションがとりやすくなります。おいしい食事とともに、会話を楽しみましょう。

1 座席の順位

円卓の場合は入口に一番遠い席が上席、近い席が末席です。中華料理は主賓が席に着くまで、出入口で待ちます。これは意外に知られていないので覚えておきましょう。

2 回転テーブルの扱い方

まず主賓が料理を取れるように、主賓の前まで回します。その後、時計回りに回します。

中華料理の席次

※中華料理は主賓が席に着くまで、
出入口で待ちます。

自分の前に来たら、残りの人数を頭において少なめに取ります。

一回りしたら、後は自由にいただけますが、その際も回転テーブルは、時計回りです。

テーブルを回すときは、回転卓からはみ出ているもので飲み物を倒さないようにします。

❸ 取り皿について

取り皿を持ち上げていただくのはマナー違反です。器を持ち上げていただく食文化は日本だけですから、覚えておきましょう。

❹ 中華料理のタブー

菜箸がないときに、よく箸を逆さにして取り分けますが、これもマナー違反です。特に中華料理はみんなで楽しく食事をすることを重要と考えるため、箸を逆さまにすると、「親密になることを避ける」の意となり、失礼に当たります。

また、料理を他の人の分まで取り分けることがありますが、これがマナー違反となることも。自分でいただく分は自分で取るのが基本だからです。ご年配の方や、話が弾みすぎてなかなかお料理が進まない方への取り分けなどは、状況を見て判断しましょう。

7 立食パーティは人との交流が一番のご馳走

⚜空間を一緒に楽しむ

ビジネスシーンで最もよく行われるのがビュッフェ形式のパーティです。

誰でも気軽に参加できる食事の場であると同時に人との交流の場ですから、積極的に人の輪の中に入っていきましょう。

1 入場と退場

会場入口で招待者側の出迎えがある場合は、「このたびはおめでとうございます」「本日はお招きいただきありがとうございます」などお祝いの言葉や招待へのお礼を述べます。

帰り際は、招待者側に「楽しかったです。ありがとうございます」などとお礼を述べて帰りましょう。

❷ 食事のときに気をつけること

食事を大皿から取り分けるときは、立ったまま飲んだり食べたりしますから、量を少なめにし、食べやすいものをいただくとよいでしょう。

グラスについているペーパーナプキンはそえたままで飲みます。

自分の皿に取り分けたあと、食事が並んでいるところで食べ始めたり、歓談を始めたりするのはマナー違反です。次の人のためにスペースをあけ、歓談できるところへ移動して楽しみましょう。

❸ 軽く食事をすませてから出席する

パーティでおなかいっぱいにしようと考えると、本来の目的を見失います。パーティは人と交流することが目的です。たくさん交流するために軽く食事をすませておきましょう。

食事のマナーを心得ておくことは、食事で楽しくコミュニケーションを取るために必要不可欠です。気後れしていては楽しくありませんし、相手の話にも集中できません。

自分のためにも、しっかりと身につけておきましょう。

8

感謝の気持ちが伝わるお土産の渡し方、いただき方

スマートなお土産の渡し方

お客様の会社訪問時に、お菓子などのお土産をお持ちする場合があります。お渡しするタイミングは、応接室でご挨拶した後です。

「こちら皆さんで召し上がってください」と、紙袋から出してお渡しします。紙袋のまま渡すのはマナー違反なので、必ず一度出してからお渡ししましょう。

一方、自社にお越しくださったお客様には、お帰りになるタイミングでお渡しします。この場合は紙袋に入れたまま「お荷物になって申し訳ございませんが、こちらお持ちください」とお渡ししましょう。

⚜お土産のいただき方

お客様からお土産をいただくときは、「ありがとうございます」と笑顔でお礼を言っていただきましょう。

必要以上に遠慮したり、なかなか受け取ろうとしない光景を目にすることがありますが、あまり印象はよくありません。

相手もすでに用意したお土産を渡さないわけにはいきませんから、どんなに遠慮しても、結局いただくことになります。

そうであれば、押し問答の末にいただくよりも、「ありがとうございます」と気持ちよくいただくほうが、相手もうれしいですし、スマート。感謝の気持ちも伝わりやすくなります。

遠慮や謙遜は日本人の美徳ではありますが、素直にお気持ちを受け取るのも、素敵なことなのです。

おわりに

ビジネスマナーを身につけることは、人生を楽しく豊かに生きることにつながります。

人は一人では生きてはゆけません。

そして、人は人の中でしか磨かれません。

自分を磨いてくれる素敵な人に出会うことが、人生の豊かさにつながるのです。


私自身、ビジネスマナーに関する仕事をするようになり、多くの人と出会い、磨いていただいてきました。そのことを、とても幸せに感じています。また、私との出会いでご自身を磨いてくださることがあるならば、こんなにうれしいことはありません。

こうした出会いは、プライベートはもちろんですが、ビジネスを通すと、よりたくさんあると感じています。

お互いを磨き合える人との出会いの場面には、マナーの心得があるほうがうまくいくと、私は確信しています。

マナーには相手への敬いの気持ちを伝える術がたくさん詰まっています。

お互いを敬い合うことができるからこそ、心が通い合います。

心が通い合うからこそ、お互いを磨き合うことができるのです。

そして、人生は少しずつ変わっていきます。


「あなたの仕事は何ですか？」と問われたら、私は「目に見えないけれど大切な財産を次の世代につないでいく仕事」と答えています。時代がどんなに変わろうと、人が人と関わり合って生きることは永遠に変わることはありません。

ですから、誰もが笑顔で豊かな人生を生きることができるように伝え続けていくことが、私の仕事。私自身も、そうありたいと願っています。

あなたが仕事を通してたくさんの人と磨き合い、より人生を楽しく豊かに生きていかれるために、この本が少しでもお役に立てば本当にうれしく存じます。

本書を出版させていただくにあたり、株式会社あさ出版の皆様にたくさんお力添えをいただきました。本当にありがとうございます。

そして、読んでくださったあなたに感謝を込めて「ありがとうございます」。

三厨　万妃江

付録

「いざというとき」に恥をかかない慶弔マナー

結婚式のルール

結婚式や披露宴は、最も身近で華やかなセレモニーの一つです。晴れの日の二人にふさわしい服装や振る舞いで、失礼のないように祝福したいものです。

1. 招待状の返事

結婚披露宴は招待状が届いた時点から始まっています。式に出席することが何よりのお祝いですから、できる限り出席する方向で考えます。

出席、欠席に関わらず、遅くとも受け取った日から1週間以内には返事を出して、心遣いと誠意を伝えましょう。

はがきで返事を出す場合は、必要事項のほかに、「このたびはおめでとうございます」はもちろんのこと、「当日を楽しみにしております」など、あなたの心からのお祝いの気持ちをお伝えするひと言をそえるのが、マナーです。

2. ご祝儀

本来、お祝いは挙式1週間前までに相手の実家に持参し、結婚披露宴当日は受付で記帳するだけ、というのが正式なマナーです。今では、受付でお祝いの言葉とともにご祝儀を差し出すのが一般的となっています。

ご祝儀は必ずふくさに包んで持参し、受付で開いてお渡しします。

また割り切れる偶数は避け、奇数を使うのが一般的で、「死」、「苦」をイメージさせる4、9もタブーとされています。新札を用意するのが礼儀です。常に用意しておくとよいでしょう。

3. 祝電

せっかくお招きいただいたのに出席できない場合は、祝電を打ちます。心のこもった言葉で祝福できると、あなたの気持ちが相手に伝わるでしょう。

4. 服装

結婚披露宴はあらゆる年代、様々な職業の人たちが集う場所ですから、主催者との関係、時間帯、場所をわきまえて選ぶことが大切です。

礼装は格式によって、正礼装、準礼装、略礼装の3段階に分かれています。親戚や主賓格は正礼装。ビジネス関係者など一般の方は準礼装。知人、友人、いとこなどは略礼装です。

白は花嫁の色（無垢の象徴）なので避けます。また、麻やコットンなどの素材は普段着のイメージ、毛皮や爬虫類を素材にしたものは殺生のイメージ、黒一色は喪の印象となりますので、タブーとされています。

葬儀のルール①

訃報に接したら

厳粛でとても大切な人生最後の場である葬儀では、心を込めて哀悼の意を表したいものです。故人との関係の深さに関わらず、真摯な気持ちで臨みましょう。

1．訃報を受けたら

弔問は親しい人ほど早く駆けつけるのが原則です。故人との関係によって、通夜か告別式、あるいは両方に参列して弔意を表します。

ビジネス関係の方が亡くなった場合は、故人や遺族の社会的地位が高いほど、公の意味合いが多く含まれます。

①逝去の日時、②通夜の時間と場所、③葬儀の形式（宗教など）と日時・場所、④喪主の名前（故人との関係）・住所・電話番号などを確認し、上司にただちに報告して指示を仰ぎます。また、社内外の関係者へも訃報を知らせます。

2．香典

香典は、故人への哀悼の気持ちと同時に、遺族に対する慰めや励ましを込めたものです。

金額は親しさの程度のほか、土地の慣習、故人の社会的地位、自分の立場などで大きく変わりますが、会社によっては金額などの規定があるでしょうから、それに従って準備します。

香典は通夜、告別式どちらに持参してもかまいませんが、亡くなった直後に駆けつける場合は、お悔やみの言葉だけに留めておいたほうがよいでしょう。

3. 弔電

訃報を受けたものの本人が弔問できない場合は、弔電を打ち、出席できる人に香典を託すという方法もあります。その後はなるべく早く弔問にうかがうか、お悔やみ状を送るのがマナーです。

4. 服装

通夜や告別式の服装は喪服です。ただし、通夜は急を聞いて駆けつけるので、地味な平服でもよしとされています。

告別式に参列するときは、全身を黒でまとめた喪服にします。光沢のない黒無地で、襟元がつまった長袖のシンプルなデザインのものが正式です。ネクタイ、靴下、ストッキング、バッグ、靴もすべて黒で統一します。女性はメイクを控えめにし、ロングヘアは束ねます。アクセサリーをつける場合は、パールやオニキスの一連のネックレスと、それに合わせたシンプルなイヤリング程度であれば許されます。

急な対応ができるように、会社に喪服、またはそれに準ずる服装を準備しておきましょう。男性はダークなスーツであれば腕章をつけるだけで対応できる場合がありますが、女性は日常の服装の色が黒っぽいものとは限りませんので、備えておくようにしましょう。

葬儀のルール②

弔問先での振る舞い

葬儀当日のマナー

お葬式は大別すると通夜と葬儀・告別式に分かれます。いずれも、故人に別れを告げるための大切な儀式です。

通夜はもともと親族やごく親しい人たちが集まり、一晩中故人との名残りを惜しみ冥福を祈るためのものなので、本来一般の人は告別式に出席して故人をしのび、納棺まで見送ります。ただ最近では、通夜は告別式に参列できない人のための弔問、焼香の場になりつつあります。

1．通夜

一般弔問者の場合は、通夜、葬儀・告別式とも会場に到着したら、まず受付に向かいます。香典はお悔やみの言葉とともに渡し、記帳をすませます。代理で記帳する場合は、名前の左側に「代」、あるいは「代理」と書き、参列します。

2．葬儀・告別式

葬儀は、故人が無事に成仏できるように僧侶が引導を渡すもので、遺族や近親者が弔います。

一方、告別式は、友人知人が故人に最後の別れをする儀式です。本来は別々のものですが、葬儀にあたる儀式が10～15分と短いこともあって、最近はひとまとめにするのが一般的となっており、一般会葬者も葬儀から参列することがほとんどです。

会場へは遅くとも10分前には到着しておくのがマナーです。到着したら受付に向かいます。

香典の渡し方は通夜と同じですが、通夜にも参列し、すでに香典を渡しているのであれば、記帳だけでかまいません。その後、案内に従って参列者は着席し、葬儀の方式に応じて、焼香や献花などを行います。

仏式の拝礼

仏教で「香を焚くこと」は、香りとともに自分の心を仏さまに運んでもらうという意味があります。焼香は「抹香」と「線香」で行われるのが代表的ですが、通夜前の弔問や供え物をする場合などは、霊前に線香を供えます。

仏事では抹香を焚くのが本式とされているので、葬儀・告別式では抹香での焼香が行われます。焼香の回数は、特に指示がなければ、心を込めて1回行えば十分です。

拝礼のスタイルは、立ったままでの「立礼」、座ってする「座礼」、香と香炉を盆に載せて回す「回し焼香」があります。

形は確かに大切ですが、それにとらわれすぎて、故人の冥福を祈る心を忘れないようにしたいものです。

焼香の仕方〜線香〜

◆焼香の仕方　〜線香〜

①焼香の順番が来たら、自席で次の人に目礼して祭壇へ進みます。
②祭壇の手前で遺族と僧侶に一礼。焼香台の前に立ち遺影に一礼します。
③線香はろうそくの炎にかざして火をつけ、手であおいで火を消します。
④線香を香炉に立てて合掌。数歩下がり、遺族と僧侶に一礼して自席に戻ります。

焼香の仕方～抹香～

◆焼香の仕方　～抹香～

①焼香の順番が来たら、自席で次の人に目礼して祭壇へ進みます。

②祭壇の手前で遺族と僧侶に一礼。焼香台の前で遺影に一礼します。

回し焼香の場合は、香炉を受け取って正面に置き、遺影に一礼します。

③1歩進んで合掌。右手の3本の指で抹香をひとつまみして、香炉に入れます。再び合掌します。

④一礼した後、祭壇に背を向けないようにして、そのまま2、3歩下がります。その後、遺族と僧侶に一礼して自席に戻ります。回し焼香の場合は再び遺影に合掌し、次の人に回します。

神式の拝礼

神式の場合は焼香が玉串奉奠に代わるだけで、その他の基本は同じです。自分の順番が回ってきたら、次のように振る舞いましょう。

◆玉串の捧げ方

①祭壇のほうに進み出て、遺族と斎主（神官）に一礼して玉串（榊）を受け取ります。玉串を受け取る際は、根元を右手で上から、葉の部分を左手で下から持ちます。祭壇の1歩手前で玉串を胸の高さで横にして捧げ、黙礼します。

②玉串を立てて、左手を根元に引き寄せます。

③右手を葉先に持ち替えます。

④半回転させて根元を祭壇に向け、玉串を供えます。

⑤1歩下がって、遺影に二拝二拍手一拝をし、遺族と斎主に会釈して自席に戻ります。こ

玉串の捧げ方

献花の仕方

の際の拍手は「偲び手」といって、音を立てないようにするのが礼儀です。

キリスト教式の拝礼

キリスト教の場合、仏教の焼香、神式の玉串奉奠にあたるものが献花です。

白菊やバラ、カーネーションなどの生花を捧げるのが一般的です。

◆献花の仕方

①遺族や牧師（神父）に一礼。係の人から花を受け取ります。受け取る際は、根元を左手で上から、花を右手で下から持ちます。

②祭壇の前で一礼し、根元が祭壇に向くようにして献花台に捧げます。

③クリスチャンであれば十字を切ります。クリスチャンでなければ、黙祷します。

④祭壇から1歩下がり、遺族や牧師に一礼して自席に戻ります。

表書きと包み方

お金や品物を贈るに当たっては、いろいろなしきたりがあります。

慶事、弔事による包み方の違い、のしや水引の違い、年長年少による表書きの違いなどです。

間違えると失礼に当たりますので、基本をはずさないよう、しっかりと理解しておきましょう。

①水引とのし

慶事用は紅白あるいは金銀の水引、弔事用は黒白あるいは黒と銀の水引がかかったものを使います。

水引の結び方は「結び切り」と「蝶結び」の2種類。結婚や弔事のような二度と繰り返したくないものは、結び目のほどけない「結び切り」に。何度あってもよい喜びごとは、何度ほどけてもまた結びなおせる「蝶結び」にします。

水引の結び方

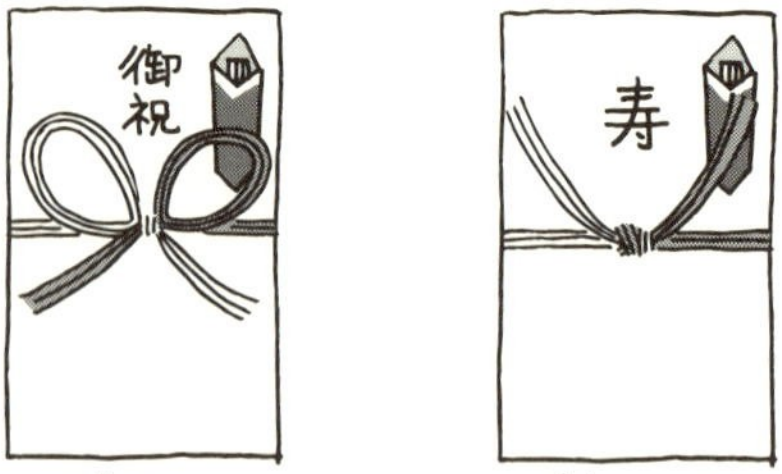

蝶結び　結び切り

包み方

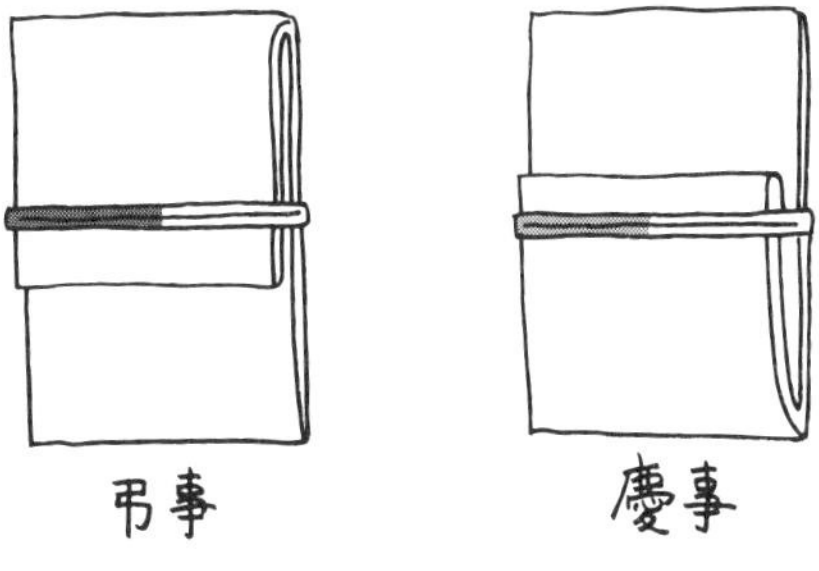

のしは「のしあわび」の略で、おめでたい贈り物に酒肴をそえたのが始まりですから、不運な出来事や弔事にはつけません。

②表書き

毛筆で書くのが基本です。たとえ上手に書けなくても、ボールペンやサインペンなどは避けたいものです。

慶事は喜びを祝ってあざやかにしっかり書きます。

弔事は悲しみの涙で薄れるとして薄墨が一般的です。

相手に礼を尽くすために、楷書で丁寧に書きましょう。

③包み方

慶事と弔事で包み方の方向が違うので気をつけましょう。慶事は「喜びに上向き」といって、下を上にかぶせます。

一方、弔事用は「悲しみに下向き」といって上を下にかぶせます。

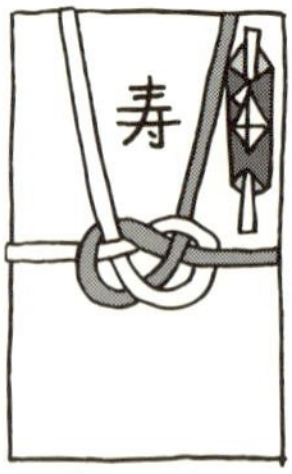

結婚祝

◆結婚祝い

結婚祝いは形式を重んじる贈り物ですから、簡素すぎないもので、金額に見合った袋を選びます。もちろん水引は結び切りです。表書きをする場合、「祝御結婚」などの4文字は死文体といって嫌われる場合もありますので、「祝」の文字を少し大きめに書くか、「御結婚御祝」とするのがよいでしょう。

中袋がない場合は、半紙に包んで入れる心遣いが必要です。慶事の場合は、中袋の表に金額を書き入れます。

◆お悔やみごと

弔事の贈答にはのしはつけません。水引はもちろん白黒などの結び切りです。弔事の場合、参列者が多く、他人が代理で受け取るケースが多いために、一般的には中袋の裏に金額、住所、氏名を書き入れます。

表書きは仏式、神式、キリスト教式でそれぞれ異なります。ほぼ共通で使えるのは、「御霊前」だけ。

なお、仏式の場合、「御仏前」とするのは四十九日の法

弔事（キリスト教）

弔事

要からとされています。蓮の絵があるものは仏式にしか使えません。

神式では玉串を捧げますので、表書きも「玉串料」や「御神前」となります。キリスト教の場合は、献花の代わりとして「御花料」などになります。「御ミサ料」はカトリックの場合だけです。

◆連名の場合

連名の場合、年長順に右から書きます。同じ連名でも宛名を入れると、相手の名前に近い左側が年長者になります。３名までは連名でもかまいませんが、それ以上の場合は、代表者の名前と「外一同」とします。

◆名刺を貼る場合

名刺は左下にずらして貼ります。これはあくまでも略式ですから、できることなら筆で書いたほうがよいでしょう。

名刺を貼る場合

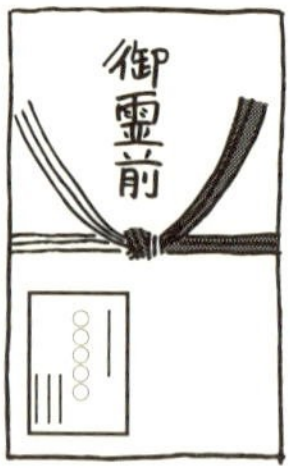

連名の場合

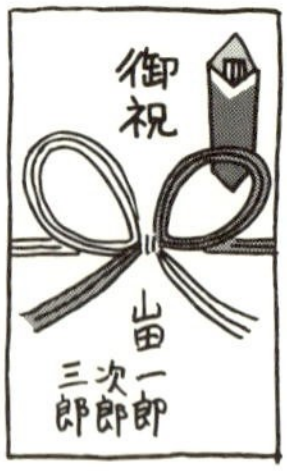

代表的な表書き一覧

表書き		適用例
慶事	御祝	結婚、結婚記念日、出産、新築、 開店（開業）、入学、卒業などの一般慶事
	寿	結婚、結婚記念日、出産、賀寿など
	内祝	慶事、出産、快気祝い、新築の当人からのお返し
弔事	御霊前・御仏前 御香典・御香料	仏式の葬儀、告別式、法要
	御霊前・御神前・ 御玉串料・御榊料	神式の葬儀、告別式、霊祭
	御霊前・御花料・御花輪料	キリスト教式の葬式、追悼ミサ、記念式
	御ミサ料	カトリックの場合の葬儀
	志・忌明	仏式、神式の場合の香典返し
	御布施	葬儀や法事で僧侶に出すお礼
その他	謝礼・薄謝・寸志	一般のお礼（「寸志」は、目下の人に渡す場合）

著者紹介

三厨万妃江（みくりや・まきえ）

有限会社キャリア・サポート 代表取締役
一般社団法人 社員教育内製化推進協会 代表理事
社員力向上ホスピタリティコンサルタント

岐阜県出身。医薬品総合商社で人事・社員教育を担当した後、財団法人日本総合研究所で研究員・社員教育講師を務め、1993年に人材育成コンサルタントとして独立。2003年から現職。「社員力を上げて顧客満足向上」をテーマに、企業・病院・介護施設などで、多くの人材育成に携わっている。著書に『ホスピタリティの心で変わる大人のマナー』、共著で『やりたい仕事で幸せになる！』（共にあさ出版）などがある。無料メルマガ『大人のマナー著者が明かす！ 実績20年の社員教育法』も配信中。

●有限会社キャリア・サポート
http://www.career-support.net/

●ブログ『社員の心に火をつけ自ら考え、笑顔で行動する社員の育成法』
http://blog.mikuriyamakie.com/

「ちょっと」の心遣《こころづか》いで劇的《げきてき》に差《さ》がつく
人生《じんせい》を変《か》えるマナー　〈検印省略〉

2013年 3 月 30 日 第 1 刷発行
2019年 4 月 25 日 第 4 刷発行

著　者——三厨 万妃江（みくりや・まきえ）
発行者——佐藤 和夫

発行所——株式会社あさ出版
〒171-0022 東京都豊島区南池袋 2-9-9 第一池袋ホワイトビル 6F
電　話 03 (3983) 3225（販売）
　　　 03 (3983) 3227（編集）
F A X 03 (3983) 3226
U R L http://www.asa21.com/
E-mail info@asa21.com
振　替 00160-1-720619

印刷・製本 神谷印刷（株）
乱丁本・落丁本はお取替え致します。

facebook http://www.facebook.com/asapublishing
twitter http://twitter.com/asapublishing

ISBN978-4-86063-601-2 C2034